シリーズ情熱の日本経営史②

佐々木 聡 監修

世界に飛躍したブランド戦略

森村市左衛門
森村グループ

御木本幸吉
ミキモト

藤井信幸 著

芙蓉書房出版

序に代えて

ノリタケとミキモト

明治という時代が輩出した有能かつ個性的な起業家のなかで、とくに異彩を放っているのが六代目森村市左衛門《もりむらいちざえもん》（以下、森村市左衛門）と御木本幸吉《みきもとこうきち》です。現在でこそ日本製品には高品質というイメージが与えられていますが、第二次大戦時期までは、メード・イン・ジャパンといえば安物商品の代名詞でした。そうしたなかでノリタケとミキモトは、すでに戦前において海外で絶大なる信用を得てブランドとしての地位を築くことができていたのです。なぜ、ノリタケとミキモトはそのような信用を獲得し得たのでしょうか。それぞれの創立者である森村市左衛門と御木本幸吉の事跡をたどり、この疑問を解き明かそうというのが本書の主題です。

ノリタケカンパニーリミテド（以下、ノリタケ）は日本を代表する洋食器メーカー*で、世界有数の洋食器ブランドです。このノリタケの歴史は、森村市左衛門が明治九（一八七六）年に創業した商社の森村組（現、森村商事）から始まります。やがて陶磁器の生

洋食器メーカー 有名な洋食器ブランドには、ドイツのマイセン、イギリスのロイヤル・ウースター、ウェッジウッド、デンマークのロイヤル・コペンハーゲン、イタリアのリチャード・ジノリなどがある。

産体制を確立することを目指して、日本陶器合名会社を設立しました。さらに衛生陶器の東洋陶器（現、TOTO）、電力用碍子*《がいし》の日本碍子（現、日本ガイシ）、スパークプラグ（点火栓）の日本特殊陶業を次々と設立するとともに、洋式タイルの伊奈製陶所（現、INAX）を支援し、森村グループという陶磁器の企業集団を形成するようになったのです。

一方のミキモトは世界ではじめて養殖真珠の商品化に成功した企業で、御木本幸吉が養殖事業に着手した明治二十一（一八八八）年がその起点となっていますが、幸吉は幾多の苦労を重ねた末、明治三十八年に真円真珠の養殖と商品化に成功しました。以後、その厳格な品質管理で海外の信用を得て、幸吉には「真珠王」という〈称号〉が与えられ、ミキモト真珠が真珠評価の基準となりました。現在では、ミキモトは日本を代表する総合宝石店に成長しています。

市左衛門と幸吉のイノベーション

このように早くから独自のブランドを開発・確立した森村市左衛門ならびに御木本幸吉の名は、メード・イン・ジャパンの声価を高めた人物として、多くの人々に知られています。世界に誇るべき日本の起業家といっても過言ではないでしょう。しかし、起業

碍子
電線を支持し、絶縁のために電柱や鉄塔に取り付けられる器具。

ヨーゼフ・A・シュンペーター
オーストリアの経済学者。不断のイノベーション（革新）が経済を変動させるという理論を構築した。一八八三〜一九五〇年。『経済発展の理論』など著書は多数。

イノベーション
シュンペーターにより定義された言葉。革新、刷新などと訳され、発明やアイデアにより新たな価値を創造、社会的に大きな変化をもたらすこと。

家にもさまざまなタイプがあります。二十世紀の代表的な経済学者ヨーゼフ・A・シュンペーター*は、起業家が推し進めるイノベーション*として、新商品の開発、新しい生産方法の考案、新市場や新しい仕入れ先の開拓、そして新しい組織の実現をあげています。

日本窯業界を牽引してきたノリタケ。世界最大規模のセラミック企業集団の中核を担う。上は名古屋市西区則武新町の本社正面玄関。

ノリタケもミキモトも、ともに新技術を開発したことで知られています。森村市左衛門の協力者大倉孫兵衛《まごべえ》・和親《かずちか》父子は、硬質純白の磁器のディナーセットの製造に日本ではじめて成功しました。また、御木本幸吉は真珠養殖技術の発明者として有名です。

その意味では、市左衛門も幸吉も起業家には違いないのですが、市左衛門本人は技術者ではなく、また、硬質純白の磁器の製造技術も、欧米ではすでに確立されていた技術であ

ノリタケが日本ではじめて製造に成功したディナーセット「セダン」。研究開発期間20年という長い年月を経て、大正3年にようやく完成した。

り、市左衛門らはその欧米の技術に追いついたにすぎません。

幸吉の場合にしても、実際には彼に協力した技術者が養殖技術を完成させたのであって、科学的知識を持たなかった幸吉自身は、その商品化の成功者であったというべきです。しかも陶磁器と同様、真珠は、世界中の人々に古くから愛好されていた既知の製品であり、幸吉はすでに築き上げられていた海外の真珠市場への新参者にすぎません。

このように、市左衛門と幸吉の場合、未知の製品やサービスを発明・考案したのではなく、新しい販路や原料調達先を見つけ出したわけでもありません。彼らはどのような意味で評価されるべきなのでしょうか。

ブランドへの飛躍

市左衛門と幸吉の二人を起業家として評価するため

Noritake

食器の裏印にも用いられる
ノリタケのロゴ。

「日本近代陶器産業」発祥の地となったノリタケ本社工場跡地。現在は「ノリタケの森」としてフラッグショップ、グループ各社のショールーム、美術館などがあり、市民の憩いの場にもなっている。

「ノリタケの森」には、旧食器工場の象徴「6本煙突」の一部がいまも残されている。

明治20年代の森村組の輸出製品。同社は日本初の本格的な商社として、その歴史をスタートさせた。

には、シュンペーターのいうイノベーションをもっと広く解釈する必要があります。つまり、二人とも新技術の開発や新市場の開拓者というよりも、新たなブランドを創出することによって歴史に名を刻み込んだ起業家と見なすべきなのです。

では、ブランドとはいったい何でしょうか。一般にブランドとは、特定の商品・サービスを他から区別するための商品名称やシンボルマークを意味し、ときにはそこから連想される〈イメージ〉を指すこともあります。要するに〈名前〉が価値を生み出すのです。したがって、いったんブランドが確立すれば、他の製品から差別化されるため、消費者の強い信頼が得られます。その結果、長期にわたって安定的な製品の販売が可能となり、他社との価格引き下げ競争も回避できます。その意味で、新しいブランドの創出は、新しい製品の開発と同一といえましょう。

しかしながら、陶磁器や真珠は、いくら新技術を用いても品質そのものは他社の製品と大きく変わるわけではないので、新技術をもってただちに海外で一目置かれる強力なブランドを生み出すことは不可能だといえます。新規参入者として、既存の同業者を押し分けて販路を開拓しなければならなかった市左衛門と幸吉の二人にとって、技術力だけでは、直面する困難を克服するには不十分だったのです。二人は、いかにしてノリタケやミキモトというブランドの価値を高めることに成功したのでしょうか。

品質管理と海外情報

二人に共通する点として、最初に品質管理を徹底した点を指摘しておかねばなりません。不良品を容赦なく排除したのです。戦前から戦後のある時期までの日本製品は、前述のように海外では〈安物〉というイメージが強く、ときとして「安かろう悪かろう」の代名詞でもありましたが、そうした悪いイメージが広まったのは粗製濫造が繰り返されたからです。外国人が珍重するのをよいことに、目先の利益のために非常に低品質の商品を製造・輸出する悪質な日本商人が後を絶たなかったのです。

森村市左衛門と御木本幸吉は、そうしたイメージを

幸吉の手腕により皇室御用達の栄誉を授かったミキモト。ロイヤルブルーの地に純白のロゴ「MIKIMOTO」が映える。

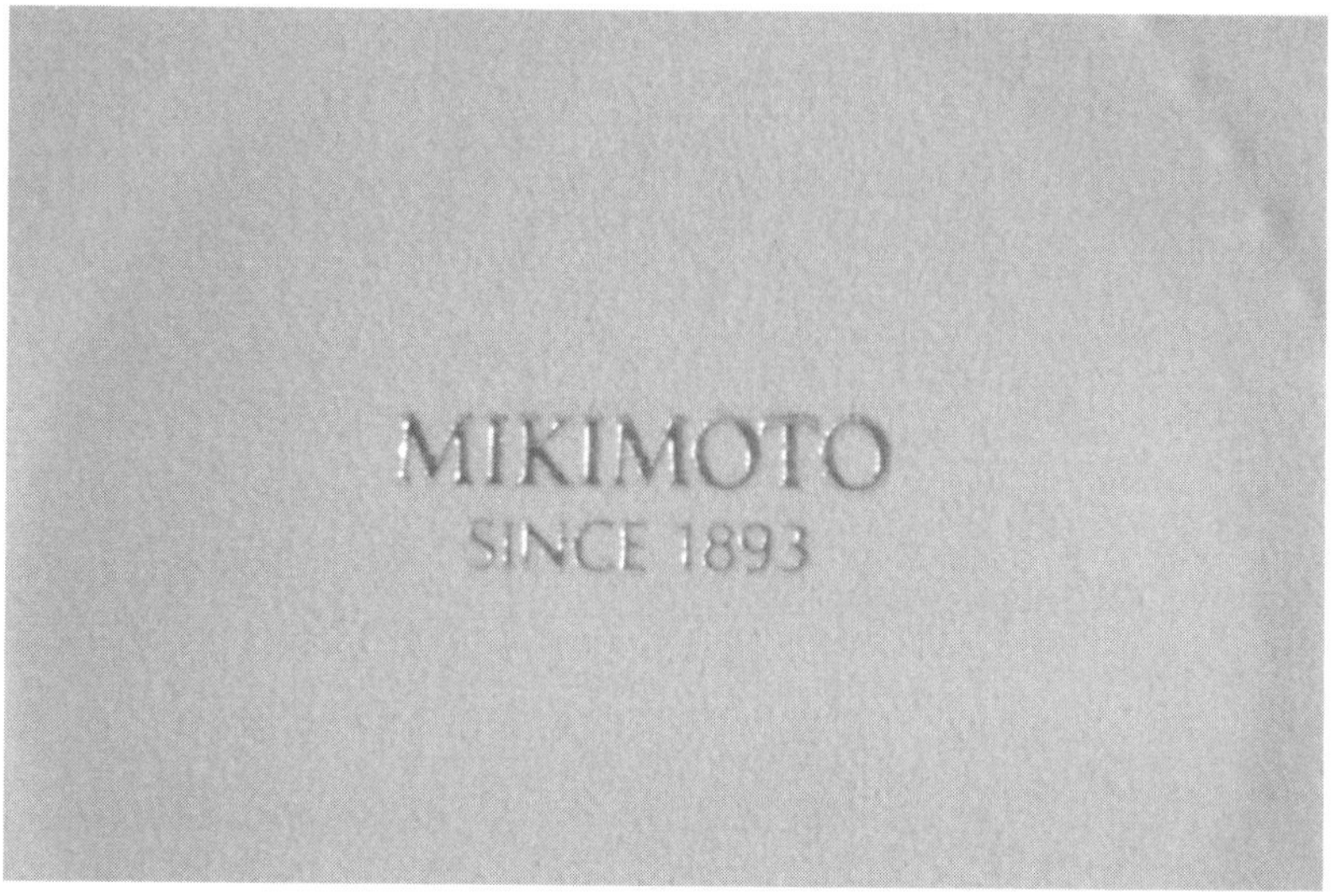

ミキモトの製品パッケージには創業年である「1893年」の文字が刻印され、その歴史に誇りを感じさせるデザインとなっている。

払拭するために、品質管理を徹底しました。市左衛門の実弟の豊《とよ》は、陶磁器の図柄に使用した金が剥げて落ちるとの苦情が寄せられると、ただちに在庫品を煙管《きせる》でガリガリ擦り「これぐらいで剥げ落ちるものはすべて廃棄」と厳命したそうです。また、幸吉は少しでも傷のある真珠を、惜しげもなく焼き捨てました。こうして比較的低価格だが高品質の製品を顧客に提供し続けたのです。

しかし、品質管理だけで彼らが成功を収めたわけではありません。二人に共通する成功要因として、次に指摘しなければならないのは、海外情報の収集に労力と資金を惜しまず、また、入手した海外情報には実に機敏に反応したことです。海外情報の収集のために、市左衛門も幸吉も自ら海外に視察に出ましたが、それだけではなく社員を絶えず海外に出張・滞在させるなどして、常に海外の最新の流行、新技術、あるいは欧米市場の動向を探っていました。そうした情報に基づ

ミキモトの真珠のネックレス。「真珠といえばミキモト」と言われる同社のブランド力を示すように、真珠製品には、その証として頭文字「M」のチャームが付けられている。

いて、新たなデザイン・技術を考案したり販売戦略を見直したりしたのです。その労力は、世界中の情報を容易に入手できる現代とは比肩することができないほど大きく、また、収集した情報を活用する点においても、二人は並々ならぬ先見性をもって適切な判断を下していたこともつけ加えておきましょう。

新時代への適応

起業家の必要条件として一般に指摘されるのは、自立心、チャレンジ精神、問題発見能力などですが、アメリカの経営学者ピーター・ドラッカー*は、自らは何も発明せずとも「変化を探し、変化に対応し、変化を機会として利用する者」、あるいは「新しい市場と新しい顧客を創造する者」を起業家と定義しています。市左衛門と幸吉の二人が海外、とりわけアメリカ情報の入手に腐心したのも、その〈変化〉を利用しようと

左から6代目森村市左衛門、5代目市左衛門、6代目市左衛門の弟、豊。明治9年、豊がアメリカに渡る前に撮影された。

したからでした。

それでは市左衛門や幸吉の時代には、何が変化し、彼らはその変化にどのように対応し「新しい市場と新しい顧客」を作り出したのでしょうか。二人が主なターゲットとしたアメリカの十九世紀末から二十世紀前半にかけての〈変化〉に注目しましょう。

産業革命*以後の経済発展による富の増加は、アメリカの所得水準を不断に上昇させ、消費の主たる担い手を変化させていきました。すなわち、十九世紀後半に中産階級が成長し、次いで大衆消費社会が形成され始めたのです。もともと貴族階級のいないアメリカでしたが、富裕層にはヨーロッパ伝統文化への強い憧れがあり、中産階級にも、多かれ少なかれそうした嗜好が継承されました。ですから、十九世紀末にヨーロッパでアール・ヌーヴォー様式の装飾が一世を風靡すると、アメリカでもアール・ヌーヴォー様式の製品がさかんに販売・製造されるようになります。しかし、二十世紀には大量生産と都市化が一段と進み、大衆が新たに消費の主役になりました。優雅なアール・ヌーヴォー様式が廃れ、享楽的だが機能的かつ力強い大衆文化が登場し、アール・デコ様式が脚光を浴びることになります。

当時、アメリカの経済学者のソースティン・ヴェブレン*は、消費を〈富〉の存在を誇示する行為と見なしましたが、そういう「見せびらかし」を目的とする消費を通じて社会的ランクを引き上げようという行為が、大衆レベルに広がり始めたのです。

ピーター・ドラッカー
「マネジメント」の発明者と称されるオーストリア出身で、アメリカで活躍した経営学者・社会学者。『プロフェッショナルの条件』、『ビジョナリー・カンパニー』など多数の著書がある。一九〇九～二〇〇五年。

産業革命
十八世紀後半に英国ではじまった産業、経済、社会の大変革。動力機械の発明、生産技術の変革により大量生産が可能となり、社会構造が大きく変化した。

ソースティン・ヴェブレン
アメリカの経済・社会学者。制度派経済学の創始者。著書に『有閑階級の理論』がある。

このような変化が必需品よりも装飾品や奢侈品《しゃしひん》でいっそう顕著に現れたことは、説明するまでもありません。陶磁器や貴金属品も例外ではありませんでした。ヨーロッパの上流階級が陶磁器の工芸美を評価したのは、十八世紀中頃ですが、それから約一世紀後には、貴族文化が後退する一方、貴族の生活スタイルに憧れる中産階級が工芸品、装飾品としての陶磁器を求めることになります。さらに二十世紀に入ると、それまでの貴族文化への憧憬は下火となり、代わってアール・デコ様式の陶磁器が流行し、工芸品と実用品の区別があいまいになってきます。また、女性の社会進出が進み、丈の短いスカート、ショートヘアなど機能的なファッションが流行するのに照応して、ジュエリーでも幾何学的なデザインが主流となりました。

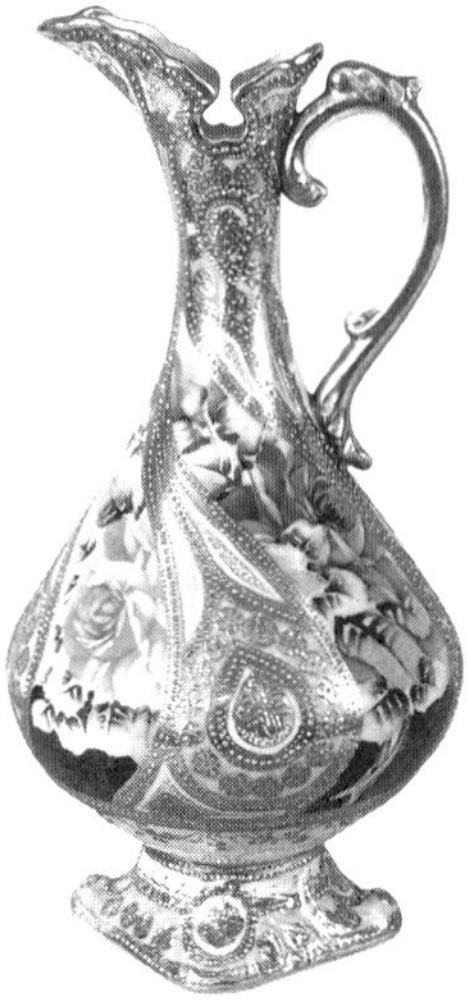

明治24～36年に製造されたアール・ヌーヴォーの水差し。大胆なバラに豪華な金盛りが施されている。

森村市左衛門と御木本幸吉が抜きん出ていたのは、こうした海外の変化を機敏にキャッチし、最新の流行を取り入れた独自のデザインを絶えず開発し続けたことにありました。こうして、その名を海外の顧客から一目置かれるブランドにまで高めたのです。

ノリタケの名は世界中に通じる。「高級食器ブランド」として、各国の来賓をはじめ世界中の人々を受け入れてきた。写真は外国人観光客で賑わうノリタケの工場（昭和36年）。

「顧客満足」の経営

ハーバード・ビジネス・スクール教授のナンシー・F・ケーンは、スターバックス、コンピュータのデル、ウェッジウッドなど世界的に有名なブランドが創出・確立される歴史を吟味し、これらのブランドの開発者たちについて「自社の評判を高め、消費者の信頼を得るための先進的な取り組みに、進んで時間とエネルギー、資金を費やした。競合相手の多くは、単に、それに匹敵するだけの投資をおこなわなかっただけである」と指摘しています。市左衛門と幸吉の事跡を振り返る場合にも、そうした努力をいかに積み重ねたか、という点に注目しなければならないでしょう。

まず〈ノリタケ〉という陶磁器のブランドは、なぜアメリカをはじめ世界で評価されるようになったのでしょうか。その要因としては厳格な品質管理や海外情報の収集が重要ですが、さらにそのような努力の背後にある経営姿勢に目を向ける必要があります。すなわち、市左衛門やその協力者・後継者たちが「顧客満足」を経営目標として掲げ、常に消費者の嗜好や最新の流行に注視して、消費者の満足と信頼を得るための努力を惜しまなかったことです。

森村市左衛門が創立した森村組による直輸出の試みは、アメリカにおけるジャポニズムのなかでそれなりに成功を収めました。しかし、市左衛門やその協力者たちは小さな成功に満足することなく、事業をさらに成長させるために、いっさいの妥協を排しながら欧米の消費者が求める陶磁器のデザインや品質を常に追求し続けました。その結果として、内外の顧客から高い評価と信頼を得る陶磁器を製作・販売するようになったのです。「オールド・ノリタケ*」（戦前に販売された森村組・日本陶器の陶磁器）のアール・ヌーヴォー様式やアール・デコ様式の陶磁器は、近年、美術品として再評価され高額で取引されるようになっています

ノリタケの森「森村・大倉記念館」前に「良品」「輸出」「共栄」と記された社是碑がある。

オールド・ノリタケ
主に十九世紀末から第二次世界大戦前後まで、森村組と日本陶器（現・ノリタケカンパニーリミテド）がアメリカに輸出した製品を指す。技術的、美術的に優れ、工芸品として現在でも世界中にコレクターがいる。

が、単に流行を追うのではなく、顧客が心底満足できるような製品を追求し続けていたからこそ、時代を超えた価値が付与されたのでしょう。

もっとも、市左衛門一人の努力だけでノリタケが成功したわけではなく、多くの協力者の存在があったことも見逃せません。しかしながら、市左衛門の前述のようなビジネスに対する信念や姿勢が、その共鳴者を招き寄せ、彼らの惜しみない協力、努力、そしてアイデアを引き出したといえるのかもしれません。

オールド・ノリタケの代表作。金彩と金盛りで絢爛豪華な作りになっている。明治24〜36年作。

皇室の権威とメディアの利用

御木本幸吉も、海外から最新のデザインを取り入れるよう絶えず努力し、アール・ヌーヴォー様式やアール・デコ様式の装飾具を次々に発表しましたが、〈ミキモト〉の名がオーラをまとうようになるまでの苦労において際立っているのは、皇室から与えられる権威とメディアを大々的に活用したことです。

養殖真珠事業のパイオニアである幸吉を、真珠の養殖技術の発明家と呼んでも間違いとまではいえないの

昭和天皇を迎える御木本幸吉。幸吉は、陛下に「世界中の女の首を真珠でしめてごらんにいれます」と豪語したという。

ですが、幸吉が「真珠王」と賞賛されるようになった理由として何よりも重要なのは、自らを世界初の真珠養殖事業の成功者であると内外でしきりに喧伝《けんでん》し、その「発明物語」を伝説化することができたことでしょう。

一般に宝石・貴金属の世界では、ブランドの権威がとくに大きな価値を持ちます。とりわけ養殖真珠の場合、天然真珠よりも劣るという偏見が、当初は根強く存在していました。事実、養殖真珠は天然よりも安価で、それゆえ購買層を広げることができたのですが、安値での販売は品質が劣ることを自ら認めることにもなりかねません。そこで幸吉は、安くて劣るという偏見を覆すために、皇室との結びつきや、新聞、博覧会といったメディアを最大限利用したのです。市左衛門も、皇室や上流階級との結びつきをおろそかにしませんでしたし、博覧会に出品しなかったわけでもありませんが、森村に限らず、近代の著名な起業家を広く見渡してみても、この手腕においては、いずれも幸吉の比ではありませんでした。森村の場合には、はじめにジャポニズムのブームに乗ってニューヨークである程度の信用を得ていたという事情もあるかもしれません。

幸吉は厳格な品質管理、養殖・細工技術の向上、ならびにデザインの工夫に精力を注ぐ一方で、事あるごとに皇室に真珠を献上して「皇室御用達」の権威（信頼）を得て、〈ロイヤル・ブランド〉への仲間入りを果たしたのです。

洋の東西を問わず、十九世紀に脚光を浴びたブランドの大きな特徴は、王室や貴族階級の愛顧を最大限利用したことが指摘できます。陶磁器ではウェッジウッド*がそうであり、宝飾では、カルティエ*やティファニー*も同様です。十九世紀末から二十世紀にかけて登場したブランドの特徴は、博覧会、新聞、ラジオといったメディアを利用した宣伝活動やセレブ（有名人）を得意先としたことにあります。はじめはフランスの宮廷や貴族を得意としていたルイ・ヴィトン*やエルメス*も、パリ万博で世界的にその名を広めました。最初から大衆をターゲットとしたシャネル*の場合には、もっぱらメディアを通じて売り出したという点に特徴があります。日本では御木本幸吉が、そうした時代の動きをいち早く取り入れ成功を収めたのです。

市左衛門や幸吉とは異なる時代に生きている私たちにも、この二人の事跡は示唆や教訓に富み、大いに学ぶべき点があります。自らが提供する製品・サービスに対する消費

ウェッジウッド
「イギリス陶芸の父」といわれるジョサイア・ウェッジウッド（一七三〇〜一七九五年）により、一七五九年に創設されたイギリス最大の陶器メーカー。陶器と磁器の中間的な性質を持つストーンウェアを下地にした「ジャスパーウェア」を完成させる。

カルティエ
一八四七年、宝石細工師ルイ・フランソワ・カルティエがパリで創業したジュエリーブランド。

ティファニー
一八三七年、ニューヨークで開店した雑貨店がその始まり。以後、宝飾品と銀製品でその名声を広め、世界ブランドに成長した。

ルイ・ヴィトン
かばん職人ルイ・ヴィトンが、パリに世界最初の旅行鞄専門店を開店。第二回パリ万博にて銅賞を授与され、各国の王室などから注文を受けた。以後、ファッションなども手掛け、総合ブランドとして発展した。

エルメス
ティエリ・エルメスが一八三七年に開いた馬具工房としてスタート。王室や皇族の支持を集め、鞄や財布などの服飾品や装飾品などを展開。総合ファッションブランドに発展した。

シャネル
ココ・シャネルが一九一〇年、パリに開店した帽子店からファッションブランドに。シャネル初の香水「No.5」が有名。

者の関心を引き寄せるために、起業家はどのようにしてブランドを市場に浸透させればよいのか。自らの名前に対する顧客の支持を長期にわたって維持するために、起業家はどのように努力すべきなのか。この問題への正答を導くヒントや教訓を、この二人の足跡から引き出すことができるはずです。

なお、引用文中の旧仮名遣いは、できる限り現代仮名遣いに改めました。また、引用文中の〔　〕は引用者による補注、「……」は引用者による省略をそれぞれ意味します。

最後になりますが、ブランドの創出という刺激的なテーマに挑戦する機会を与えていただいた本シリーズ監修者の明治大学佐々木聡教授、ならびにノリタケ関係の資料について種々アドバイスしていただいたうえに、貴重な資料を快く貸与してくださった駿河台大学大森一宏教授に、この場を借りて厚くお礼申し上げる次第です。また、森村商事株式会社、株式会社ノリタケカンパニーリミテド両社には制作にあたり多大なご協力をいただきました。さらに、写真掲載にあたっては、東京大学三崎臨海実験所所長・赤坂甲治氏、三重県科学技術振興センター・山田浩且氏、三重大学名誉教授・西川洋氏をはじめ、多くの方々にご助力をいただきましたこと、まことに感謝の意に耐えません。この場を借りて厚くお礼申し上げます。編集者の岩崎成弥氏の原稿督促や適切なアドバイ

海外におけるノリタケのブランド力は第二次世界大戦を経ても揺るがなかった。終戦を迎えるやその輸出を望む声は高まり、同社もそれに応えた。終戦の翌年には、昭和天皇が工場を訪問している。

スといった獅子奮迅の働きが大であったことも、申し添えておかねばなりません。

平成十九年　水無月

藤井信幸

情熱の日本経営史②

世界に飛躍したブランド戦略

目次

御木本幸吉

情熱の日本経営史②

世界に飛躍したブランド戦略

世界最大級のセラミック企業集団を築く

森村 市左衛門

もりむら いちざえもん

六代目市左衛門。天保十（一八三九）～大正八（一九一九）年。日本貿易業のパイオニア。現、森村商事、ノリタケカンパニーリミテド、TOTO、日本ガイシ、日本特殊陶業など多くの企業を生んだ「森村グループ」の創業者。

第一章　生い立ち

一、幼少時代

見習い奉公で得た信念

　森村市左衛門は、天保十（一八三九）年十月二十七日、江戸京橋で父市左衛門、母松子の長男として生まれ、幼名を市太郎と名付けられました。当主は初代から市左衛門を名乗り、市太郎の父はその五代目です。初代は遠江《とおとうみ》（現、静岡県の大井川の西部）の出身ですが、江戸時代に江戸に出て旗本相手の武具商を営むようになり、四代目のときから土佐藩邸にも出入りが許されるようになりました。

　市太郎は数えで十三歳のとき、当時の商家の習慣に従って日本橋の呉服問屋に見習い*奉公しました。しかし、生まれつき病弱な市太郎は年季を終えることができず、わずか三年、十六歳のとき（一八五四年）に病身のため実家に戻らざるを得ませんでした。病弱でしたが多感な年頃でもあり、この当時の体験や学習から、後の人生訓になる重要な

見習い奉公
文字通り、見習いのために他人の家に雇われ、その家事・家業に奉公すること。あらかじめ年季を定めて従事することを年季奉公という。

頼山陽
江戸時代後期の漢学者。歴史家、漢詩人、文人としても活躍。一七八〇～一八三二年。歴史書『日本外史』は、没後出版され、幕末から明治初期の人々に大きな影響を与えた。

知識を吸収したと、六代目市左衛門（以下、市左衛門）は晩年に語っています。

そのひとつは、偶然耳にした神主の祝詞《のりと》から、正直と熱心をもって事に当たることが成功への確実な道だと確信したことです。後に市左衛門は、事業経営の根本的要件は信用だと、事あるごとに述べるようになりますが、要するに、信用を獲得するために不可欠なのが正直と熱心だと理解したのでしょう。

また、*頼山陽《らいさんよう》『日本外史』の*北条早雲《ほうじょうそううん》に関する記述からは、リーダーとなるには世の中の優れた人々を引きつけることが肝要だと学んだそうです。優れた人々を引きつけることにも信用が必要であることはいうまでもありません。この時点で、すでに市太郎は起業の成功の秘訣を見定めていたといえそうです。

日雇い労働者からの再出発

奉公から実家に戻った翌年の安政二（一八五五）年、江戸の大震災（いわゆる*安政江戸地震）により新築したばかりの自宅が全焼し、筵《むしろ》を往来に敷いて一家六人が野宿することを余儀なくされました。つ

北条早雲
小田原城を本拠にした関東地方の戦国大名・北条氏の祖。一四三二（五六の説も）～一五一九年。

安政江戸地震
一九二三年の関東大震災と区別し「一八五五年関東大震災」といわれることもある。

私欲ではなく国家・国民の利を第一に商売をおこなった森村市左衛門。文久3（1863）年に撮られた写真。

まり森村家は無一文になり、乞食同然となってしまったのです。
災難に遭遇した市太郎は、「どんなに苦しくても、断じて他人の力には頼るまい。どんな場合に臨もうとも、不正不義の手段は断じて取るまい……力一杯に稼いで再び森村の家を盛り返そう」という固い決心をしました。こうして市太郎は、日稼ぎ労働者となりました。幸い大震災の後だけに、焼け跡のかたづけ人夫に対する需要は旺盛でした。

文
江戸時代の通貨単位は主に五種類（両、分、朱、貫、文）あり、「文」は最小単位。江戸時代の五〇〇文は現在の一万五千円前後と試算される。

海外貿易のパイオニアとして、幕末より日本の近代化を支えてきた森村商事。現在は、「電子・半導体」「耐火物原料」などのセラミックス分野、樹脂化学・金属機械分野などで、さまざまな産業・工業用原材料を取り扱う。品目は変わったが、専門商社として、世界中に拠点を置き、いまもグローバルな事業を展開している。写真は、東京・虎ノ門にある本社ビル。

森村商事株式会社
MORIMURA BROS., INC.

森村商事のロゴ。頭に見える同社の社章は、「困難」の「困」をモチーフにデザインされているが、私欲により容易な選択をおこなう企業の不祥事が相次いで明るみに出る昨今、市左衛門が社章に込めた経営哲学はより一層輝いて見える。

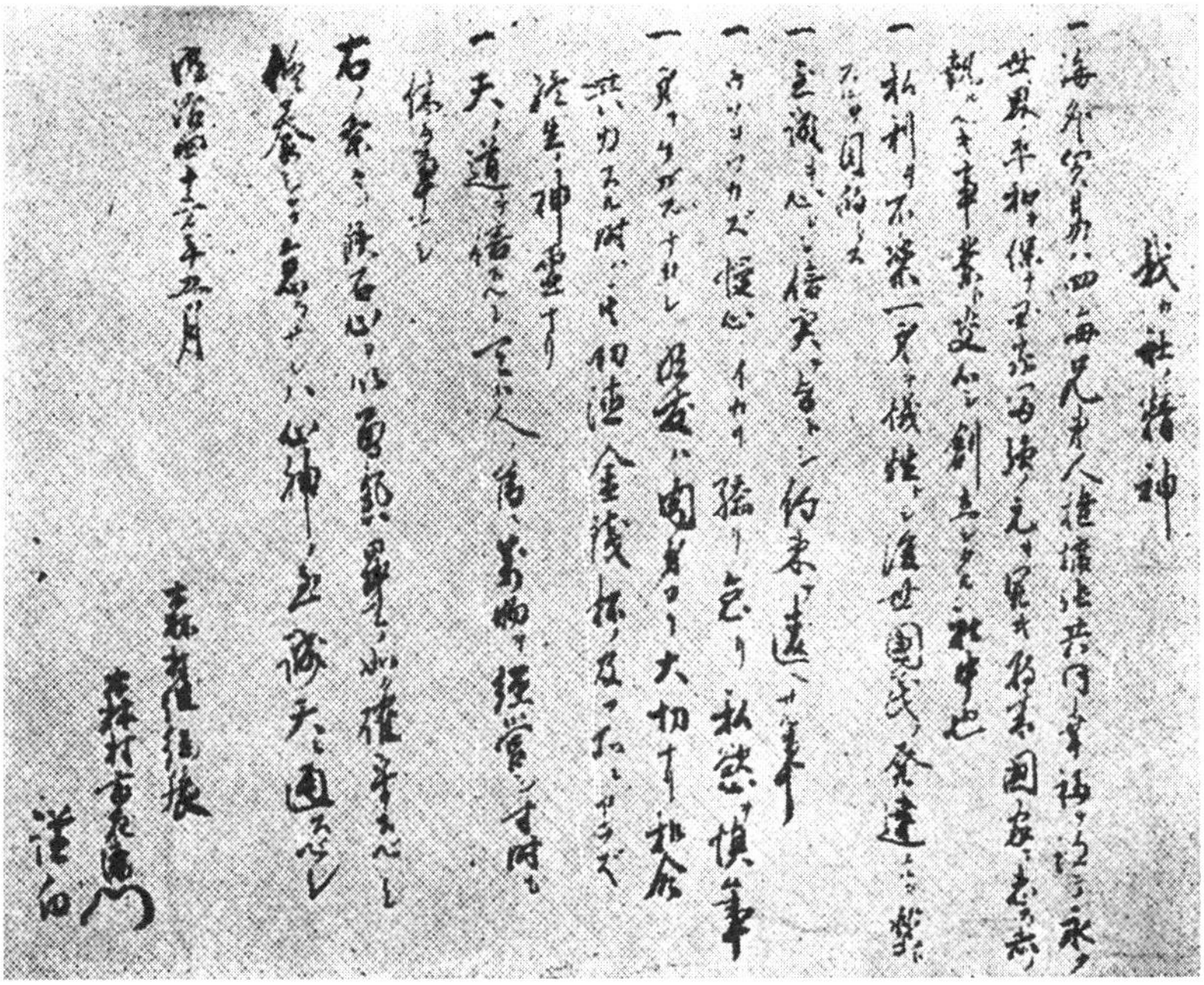

世界の共生・共栄をはじめ、社会貢献、自戒などを記した、市左衛門直筆の「我ガ社ノ精神」。この精神は、現在に至るまでグループ各社の経営理念に連綿と受け継がれている。

一日五〇〇文[*]の収入が得られ、そのうち二〇〇文を生計費、三〇〇文を商売の資金として蓄えました。さらに夜は大道商人になり、頬被りをして安煙草入れや蝋燭を売ったのです。

このような苦労を経て資金を蓄えながら、地震の一カ月後に借家をして武具商を再開し、従来の得意先の諸大名の屋敷にも、一、二軒ですが、再び出入りすることができるようになりました。次いで翌年には、京橋に早くも店舗を新築しています。もっとも、借金による新築でしたから、当然ながら以後も一家は節倹に努めましたが、その借金も、その三年後、安政六年の大晦日に皆済できました。

二、唐物屋への転身

足掛かりになった横浜開港

安政五（一八五八）年に調印された日米修好通商条約*に従って横浜が開港されると、十九歳の市太郎はただちに反応しました。その手記に、「横浜開港に付、直ちに出向き、外人に接し、唐物類（舶来雑貨）を覚え、即ち古服、古靴、書籍、鉄砲、パン、シャボン（石鹸）などの品を買い入れ、往来を売り歩きぬ」と記しています。御用達*となった大名屋敷も一、二軒と少なく十分な売り上げがなかったので、開港を機会に舶来品を扱いはじめたのです。

西洋の舶来品は、どんな物でも旗本や諸藩士たちが争って購入したため、加賀、土佐、中津各藩を得意先としたほか、旗本の顧客も増やすことができ、取引額が激増しました。こうして市太郎は、唐物取引に力を入れることによって貿易との関わりを深めるようになったのです。

ただ、つけ加えておかねばならないのは、単に舶来品を扱っただけで得意先が増えた

市左衛門の肖像画。

日米修好通商条約　一八五八年に日本とアメリカの間で結ばれた通商条約。日本に関税自主権がなく、治外法権を認める不平等条約だった。

御用達
御用に応じて品物を納入したり、金銀の調達をおこなうなど、幕府や諸藩などに出入りを許された特権的な御用商人を指す。

市左衛門は、「貿易立国」という大志を抱いて森村組を設立した。写真は初期の森村組。

森村組の社旗。激動の幕末、文字通り同旗が日本の対外貿易の旗印となった。

というわけではないことです。顧客の信用を得ることに市太郎は全力を注ぎました。晩年に市左衛門はこう述べています。「余所《よそ》では二割も儲けるというのに、此方は五分しか儲けないというやり方をするから、自ら信用というものが集まってくる。……後で高いと言われてはならぬ、悪いと言われてはならぬというので、一生懸命になる」。あるいは、明治十二年に森村組に入社した村井保固《やすかた》は、森村組の経営理念を「人の利益になるを目的として進めばよい。……その製造は必ず成功する」と語っていますが、これも市太郎の言葉と同じ意味でしょう。

要するに、目先の利益にとらわれず、顧客の要望に応えることを第一に考え、長期的視点から商売の繁盛を図ろうという姿勢を持っていたのです。後に設立する森村組、さらに日本陶器をはじめとする森村グループ各社が、この市太郎のビジネスに対する基本姿勢を受け継いでいくことは後述します。

開港当時の横浜。不平等条約により、金の海外流出は止まず、国は膨大な損失を出した。市左衛門は、そんな日本の将来を憂い、国益のために事業を興すことを決意した。

海外貿易という大志

出入りを許されていた*新見正興《しんみまさおき》家が、万延元（一八六〇）年、日米修好通商条約批准のための遣米正使となると、市太郎は、米国への土産物の調達と路銀（旅費）の両替を引き受けることになりました。路銀の両替とは、日本の貨幣を、当時、世界貿易の決済で最も多く使われたメキシコ貿易銀貨*と交換することです。

このとき、市太郎は、金の海外への大量流出の深刻さを身をもって知りました。当時の日本の金銀比価は、海外に比べて金安銀高でした。そのため、内外の貨幣交換を通じて金が大量に海外に流出していたのです。すなわち、イギリス人やアメリカ人は、銀貨を大量に日本に持ち込み、それを日本の小判などの金貨と交換して海外に持ち出し、再び銀貨に交換したのです。アジアでの金銀の交換比率が約一対十五だったのに対し、国内では約一対五でした。そのため、最初に手持

メキシコ貿易銀貨。メキシコ貿易銀貨は文字通りメキシコ製のもので、幕末・明治初期にかけて日本に多く流入した。

ちのメキシコ貿易銀貨が一〇〇枚だったとすると、日本で金貨に交換してそれを海外に持ち出せば、メキシコ貿易銀貨約三〇〇枚と交換できたのです。差し引きメキシコ貿易銀貨約二〇〇枚の大儲けでした。江戸幕府も、金の流出を食い止めようとしたのですが、欧米の反対にあって流出対策は容易に実行に移せなかったのです。

金の大量流出を憂慮した市太郎は、昵懇《じっこん》となった中津藩の家老桑名登*や、桑名から紹介された福沢諭吉などから、流出した金を取り戻すためには輸出を振興する以外になく、それゆえ「通商貿易に励め」と諭されました。かくして市太郎は、流出した日本の金を商品輸出によって取り返そうという志を抱くようになったのです。

慶応三（一八六七）年、二十七歳の市太郎は、幕府騎兵隊長教師のフランス人オーグスタ・デシャルム大尉の指導を受けて軽騎兵用の馬具の製造法を習得し、幕府の御用商人として諸侯から注文を受けました。さらに戊辰戦争では、官軍の土佐藩板垣退助から依頼を受け、兵器弾薬や被服の調達・運搬に従事しています。父祖以来、土佐藩邸に出入りしていた関係から板垣の知遇を得ていたのです。

第二章　起業

一、森村組の創立

試行錯誤と苦難

維新によって「営業の自由」を得た市太郎は、さしあたって国内市場を大いに開拓しようと、商売の手を四方八方に広げます。しかし、その志とは裏腹に、すべてに失敗してしまいます。最初に手を出したのは大阪での塩の売買でした。それを機に土佐では製塩事業に乗り出します。オランダの書物を参考にしながら、西洋式の製塩を試みますが、製造コストが高すぎて大赤字となってしまいました。次に養蚕業に手を付けました。大阪城周辺の広い土地を借りて桑を植えますが、これも負債を残して廃業せざるを得ませんでした。さらに、明治三（一八七〇）年には、北海道に渡り漁業に投資します。しかし貸し倒れとなり、これまた巨額の負債を作ってしまい、結局、破産してしまうのです。

こうした巨額の借財を抱えた苦難の時期にあっても、海外貿易への大志が潰えるどこ

新見正興
幕末の幕臣で一八五九年に外国奉行に就任。一八二二〜一八六九年。

貿易銀貨
貿易のために便宜上、発行された銀貨のこと。一八七一年、明治政府は新貨条例によって金本位制を採用し、メキシコ貿易銀との価値差を是正した「一円銀貨」を新たに発行した。

桑名登
中津藩奥平家の家老。市左衛門は、築地鉄砲州（現、東京・築地一帯）にあった奥平家中屋敷に出入りしていたことから、桑名と昵懇となり、福沢諭吉も同屋敷にて蘭学塾を開いていた。

フランス軍事顧問団。前列右端がオーグスタ・デシャルム。市左衛門はデシャルムから教わった馬具製作で、一時は数百人の職工を雇うまで事業を拡大させた。

ろか、そのための布石を打っていたことが重要です。すなわち、明治四年、異母弟で十四歳年下の森村豊吉（後、豊と改名）を将来外国貿易に従事させる目的で、慶應義塾に入学させたのです。豊は他家へ奉公に出ていましたが、慶応二（一八六六）年に呼び寄せ、英語などの勉強をさせるつもりでした。後に市左衛門は、「外国貿易を思い立ったが、併し私には学問がない。したくも時がない。故に弟に学問をさして外国へやりたいと思い」福沢諭吉に頼んだ、と語っています。

これに対して諭吉は「今時の若い者は、皆、政治家になると言いて勉強して居るのに、貴下は弟君を商人に仕立てて外国貿易の戦士にするといわれるのは、どうも面白い考だ」と喜び、指導に力を入れたそうです。いかにも経済・経営を重視した諭吉らしい逸話です。

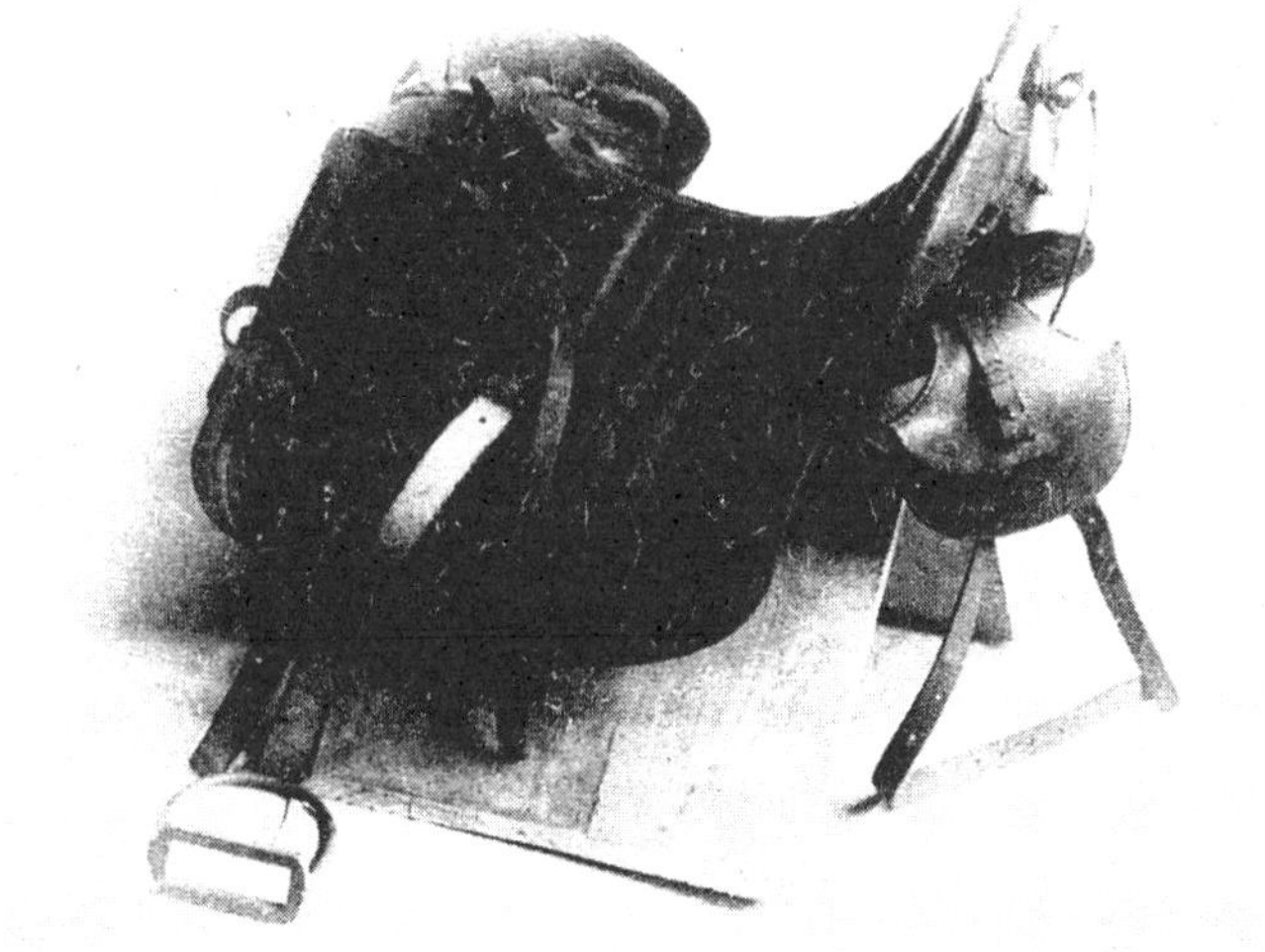

デシャルムが帰国する際に、市左衛門が贈った馬具。市左衛門のデシャルムに対する感謝の念が、いかに大きかったかがわかる。

借金の返済

市太郎の事業が立ち直るきっかけとなったのは、明治政府との縁でした。長い間、武士との取引があり、とくに土佐藩と緊密な関係を持っていたことから、戊辰戦争で功労があったことは前述しました。そのため、維新後、新政府の御用達となることができたのです。

とりわけ逸することができないのはデシャルムの好意でした。日本陸軍の創設の際に、フランスから招いた陸軍顧問団のなかにデシャルムが含まれており、そのデシャルムが重騎兵の馬具製造者として市太郎を推挙したのです。

市太郎は重騎兵の馬具製造を再びデシャルムから教わり、その製造を一手に引き受けることとなりました。また、長く家業としていた袋物販売の方は、その頃、東京銀座に開いた「モリムラ・テーラー」と称する洋服裁縫店に移していましたが、同店にも陸軍省から注文が来ました。かくて退勢を挽回し、巨額の借金を返済することができたのです。

ところが、間もなく市太郎は政府との関係を断ち切り、政府御用達をいっさい辞してしまいます。しかも、洋式馬具の製造所の設備も職人も、ともに政府に無償で明け渡してしまいました。陸軍省への毛布の納品の際に、しばしば賄賂を要求されたことを市太郎は苦々しく思っていたのです。そこで、軍需品が官営化されることになったのをきっかけに、馬具の製造事業は民間用の新式馬具の受注だけにとどめ、そのほかには前述の洋服裁縫店の営業、ならびに以前からおこなっていた横浜での外国人相手の雑貨販売を続けながら、貿易業務への進出の機を窺っていました。

福沢諭吉
啓蒙思想家・教育家。中津藩の下級藩士だったが、蘭学を学び、慶應義塾を創設。中津藩・奥平家の中屋敷に開いた「一小家塾」が慶應義塾のはじまりとされる。一八三五〜一九〇一年。

慶應義塾卒業から2年後の明治9年、豊は福沢諭吉の紹介により渡米の機会を得た。

ニューヨークでの出店

明治七（一八七四）年に慶應義塾を卒業した豊は、助教師として塾に残り、訪米の機を窺っていましたが、佐藤百太郎《ももたろう》という青年がアメリカから一時帰国した際に、福沢諭吉*の勧めもあって、佐藤に同行して渡米することを決意しま

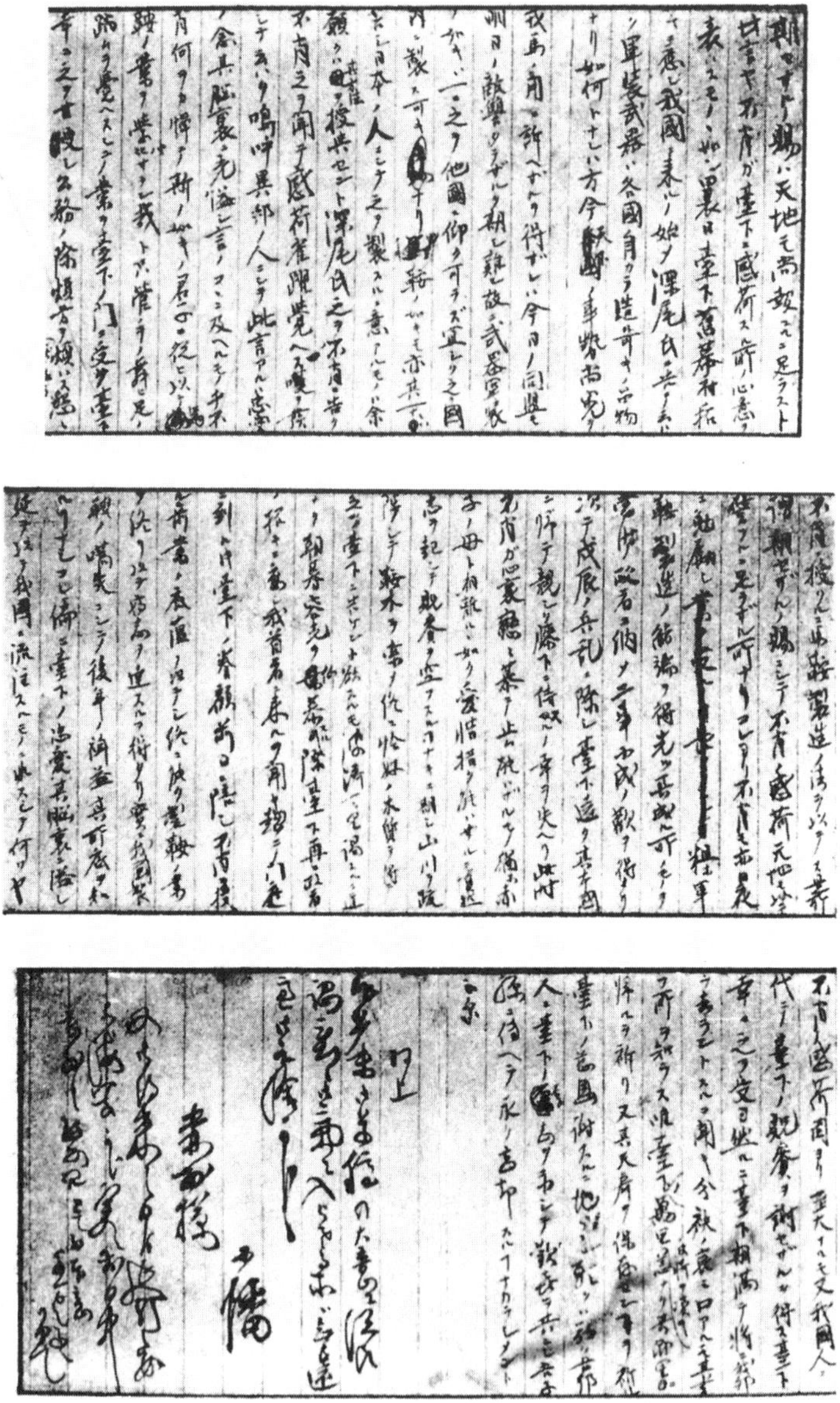

市左衛門がデシャルムに宛てた感謝状。デシャルムとの出会い、そして恩顧によって、市左衛門は、多額の負債を抱える窮地を乗り越えることができた。

した。佐藤は、すでに日本商品を扱う店舗をニューヨークで開いていました。

そこで市太郎は豊とともに、明治九年三月、豊の渡米資金三千円を資本とする輸出商社森村組を創業し、その本社を銀座四丁目の洋装店の二階に構えました。同時に、豊は渡米し、諭吉の紹介状を持ってニューヨークの日本領事*富田鐵之助《とみたてつのすけ》（後、日本銀行総裁）を訪ねました。富田の推薦により六月からニューヨーク州のイーストマン・ビジネス・カレッジに入学し、約三カ月間、英会話習得に励み、年末、佐藤百太郎とニューヨークで雑貨店「日の出商会」を営むことになりました。この店を拠点として、かねてからの念願であった対外貿易を市太郎はスタートさせることになります。

ニューヨークの豊から商品を送るよう連絡のあった市太郎は、安物の*蒔絵や印篭《いんろう》などを二箱ほど買い込み、自宅にあった古物とともに荷造りして送りました。豊は、アメリカ商人のクリスマス・セールのための買い入れを当て込んだのです。これが大成功を収めました。当時、アメリカでは日本品が珍しく、引っ張りだこでした。いずれの商品も原価の数倍で売れ、運賃と税金を差し引いても大きな利益をあげました。

モリムラ・ブラザーズ

幕末に市太郎が開港されたばかりの横浜に赴き、西洋の舶来品を仕入れて唐物商に転

富田鐵之助
ニューヨーク副領事、在英大使館一等書記官を務めた後、一八八二年より日本銀行副総裁、八八年に第二代総裁就任。一八三五～一九一六年。

蒔絵
漆で文様を描き、金、銀、スズなどの金属粉や色粉を付着させた、日本の漆工芸。

「国益のために」という大義を抱き、明治9年、豊（後列中央）は横浜発ニューヨーク行きのオーシャニック号に乗り込んだ。このとき豊は満22歳。市左衛門は満36歳だった。

じたことはすでに述べました。実はこのとき、市太郎は西洋人が日本の骨董品を好んで買い集めて帰国していることを知り、日本の雑貨を外国人に売り込む商売もしていたのです。

ですから「海外に持って行けば必ず歓迎される」という物を市太郎は熟知していたのです。しかも維新後、古い物に日本人は見向きもせず、「立派な品が二束三文」で取引されていました。豊に日本の骨董品を送ったのは、このような経験や実情を踏まえたものだったのです。

しかし、明治十（一八七七）年頃から、日の出商会の経営はふるわなくなりました。米国流の生活に慣れた佐藤の生活態度が利益を蚕食《さんしょく》していると見た豊は、佐藤と袂を分かち、翌十一年、新たに二人の店員を雇って「日の出商会森村ブラザーズ」という店をニューヨークに新設しました。同店は明治十四年に「モリムラ・ブラザーズ」と改称します。

資金が乏しいために、豊の苦労には言語に絶するものがありました。下宿するにも家賃が支払えないので店に寝泊まりし、食事も朝食はパンと水、昼食はりんごだけといった有様でした。そうした豊の努力と誠実さのためか、顧客の間に信用が広がり、売り上げは伸びていきました。

二、大倉孫兵衛の協力

シックス・アベニュー221番館に居を構えた頃のモリムラ・ブラザーズ。明治14年頃の様子。

生涯のパートナー・孫兵衛の参加

国内では市太郎が、骨董品の仕入れのために東海道を文字通り東奔西走していました。「草鞋《わらじ》穿《ば》きで東海道を幾度となく往来して、東京、横浜、名古屋、京都、大阪等で骨董品や、陶器、銅器及び団扇《うちわ》、提灯、人形の類を買い集めて」アメリカに送ったのです。そのときに、市太郎の片腕となったのが、異母妹の夫である大倉孫兵衛でした。孫兵衛は絵草紙屋を日本橋で営んでいましたが、森村組東京本店の最初の社員となったのです。

森村組の幹部たち。前方左より大倉孫兵衛、森村市左衛門、廣瀬実栄、後方左より森村開作、村井保固、大倉和親。

孫兵衛は天保十四（一八四三）年、江戸四谷の絵草紙屋「萬屋《よろずや》」二代目四郎兵衛の次男（幼名、和三郎）として生まれました。萬屋は錦絵（浮世絵）を主に出版しており、父の死後は長男が店を引き継ぎましたが、人手不足のため孫兵衛も手伝うようになりました。開港後、横浜の外国人に錦絵を売りに行くようになり、四歳年上の市太郎と知り合いました。そして慶応元（一八六五）年、市太郎の異母妹ふじと祝言をあげ、市太郎の義兄弟となったのです。

結婚後、孫兵衛は独立して神田に絵草紙屋を開店しました。時代に即応した錦絵を出版して店は繁盛しました。明治七年には日本橋に進出し、「錦栄堂」の看板を掲げて出版事業を広げていきます。森村組に参加したのは、この出版事業の経営が行き詰まっていたからではありません。

市太郎は、「日本が今日のように外国品を輸入するばかりでは、日本の金銀は遠からず外国に吸い取られ

孫兵衛が発行した錦絵と画譜。美術工芸品の仕入れでは大倉の審美眼がいかんなく発揮され、モリムラ・ブラザーズの海外での信用を高めるのに大きな力となった。

てしまう。私は外国への輸出を盛んにして、すでに外国に取り去られた金銀を取り返したい」と孫兵衛を説得しました。孫兵衛はその市太郎の志に共感したのです。実際、以後、孫兵衛は出版事業をいっさい番頭に任せ、市太郎の店に来て給料も取らず働きました。市太郎と二人して、草鞋履きで大風呂敷包みを背負って駆け回ったり、車を引いたり、荷造りしたりしたのです。

仕入れに際してはきわめて厳格で、ニューヨークから釣り竿三千本の注文が届いたときなど、孫兵衛自身が一本一本吟味した結果、千本しか輸出を認めないため、一本当たりの売値を引き上げねばなりませんでした。すると、アメリカの業者は「仕入れ値が高いから売れぬ……普通の品でいいから送れ」と苦情を申し立ててきました。しかし孫兵衛は、そんな不良品は売らぬほうがよいと返事して、釣り竿の輸出をやめてしまったそうです。このような孫兵衛の真摯な姿勢がモリムラ・ブラザーズの信用を高めるのに貢献したことは、いうまでもありません。

孫兵衛の志

市太郎の説得に孫兵衛が応じたのは、もともと孫兵衛自身にも、そのような対外貿易の必要性と国家繁栄の志が芽生え始めていたことも一因だったように思われます。

孫兵衛の出版事業では、戊辰戦争や維新後の士族*の反乱などに関する報道、あるいは東京の文明開化を題材とする錦絵が当たり繁盛しましたが、注目したいのは、当時の人気絵師三代歌川*広重（安藤徳兵衛）を絵師に用いた『大日本物産図会《ずえ》』というシリーズものの錦絵の出版です。これはモリムラ・ブラザーズ創立の前年の明治十（一八七七）年八月に上野公園で開催された第一回内国勧業博覧会*の際に、全国各地の産業・特産物の紹介のために売り出したものです。その内容は、北海道は千島と組んで一国として扱い、ほかは一国につき二点の絵を組み合わせた揃い物で、北海道から隠岐、対馬まで

大倉孫兵衛。市左衛門は後年「（大倉孫兵衛は）非常に根気が強く、自らの励みになった」と語っている。

士族
明治維新後、旧武士の家系の者に与えられた身分。

の七十五カ国が対象となっていました。総点数は一五〇図になるはずですが、現在、存在が確認されているのは約一二〇図にすぎません。いずれにしても、相当大がかりな企画であったことに間違いないでしょう。

『大日本物産図会』には、江戸時代の『日本山海名物図会』*（宝暦四〈一七五四〉年）や『山海名産図会』*（寛政十一〈一七九九〉年）などから盗用した安易な作画も混ざっており、美術作品としての独創性には欠けますが、重要なのは、最初の内国勧業博覧会の土産物として売り出されたことです。勧業博覧会は、明治政府が推し進めていた殖産興業政策への幅広い国民の参加を促すために、西洋の文物のほか、全国各地で江戸時代そのままの姿で存続している日本の伝統的な物産を紹介するために企画されたものでした。

市太郎が、維新後は日本人の間で見向きもされなくなった伝統的な物産や骨董品に着目し、その輸出をスタートさせたことは前述しました。孫兵衛自身も、伝統的な物産を活用して日本の国富を増進するというアイデアが現実的で、成功の見込みが大きいと認識したからこそ、『大日本物産図会』という大型シリーズの刊行を企画し、同時にまた、市太郎の説得にただちに応じたのに違いありません。

三代歌川広重（安藤徳兵衛）
幼名「後藤寅吉」、後に「寅太郎」に。安藤家の入婿となり、初代広重の本名「安藤徳兵衛」も襲名。一八四二～九四年。

内国勧業博覧会
産業を奨励し、振興させるために開かれる博覧会。内国勧業博覧会は、明治十年、ときの内務卿大久保利通の提唱により、上野で第一回が開催された。その後、同博覧会は、同三十六年の大阪で開催された第五回まで続いた。

日本山海名物図会
山海名産図会
産物・名産品を集めた書。前者は平瀬徹斉著、長谷川光信挿画の書。後者は平瀬補世著・蔀関月（しとみ かんげつ）挿画。

写真は、明治28年に京都で開かれた第4回内国勧業博覧会の様子。工業館、器械館、美術館などのほか、各府県の売店などが建設された。出品点数は16万9000点、入場者は113万人を超えたという。

村井保固の入社

明治十二（一八七九）年には、豊と同じく慶應義塾の卒業生である村井保固が、福沢諭吉の薦めで森村組に入社しています。孤軍奮闘に等しい状態にあったニューヨークの豊から市太郎に、店員を一人寄越してほしい旨の連絡がありました。その条件は英語ができて簿記の心得があることとでした。そこで諭吉に相談した市太郎が村井を紹介されたというわけです。

ただ、村井は英語も簿記も不得手でした。それを本人から打ち明けられた福沢は、村井を一喝し、いったんは森村組への就職の話を引っ込めました。また、ニューヨークで村井に会った豊は、失望の色を隠しませんでした。村井の言い草がふるっています。福沢には「森村組は英語や簿記といった小手先の利く小者がほしいのですか、それとも森村組を背負って立つ大黒柱になる人物がほしいのですか」と切り返し、豊には

福沢諭吉の薦めにより、村井保固は明治12年5月に森村組に入社した。

「この店は次第に発展し、多数の人間を使用することになると思いますが、その多数の使用人を指揮する者が必要になるに違いありません。その指揮をするのが私の役目となるはずです」と見得を切ったそうです。

かくて入社は果たしたものの、他の店員が多忙をきわめるなか、村井には仕事が与えられませんでした。

しかし、やがて村井が真価を発揮し始めました。まず書き入れ時のクリスマス・セールでは、店頭の人手不足を解消するため、急遽、店頭に立つことが許されたのです。とはいえ、彼には接客の経験もなければ、英語を上手に話す力もありません。そこで、村井は、客を喜ばせようと手品を披露しますが、これが当たります。店を訪れたアメリカ人たちは喜び、苦手の英語もかえって愛嬌となり、村井の売上成績はみるみる上昇したのです。

それ以上に重要なのは、経営に関する提案でした。第一に、小売りから卸売りへの転換を提言したことです。事業の先行きに不安を持っていた豊が従来通りの小売りに固執したのに対し、村井は事業を拡張するために卸売りへの転換を主張したのです。両者譲らず、市太郎の裁断を仰いだ結果、村井の意見が容れられ卸売りに転換することになり

ブロードウェイ540番地に移転したモリムラ・ブラザーズ。明治16年頃の写真。右から2人目が村井保固、5人目が森村豊。

ました。これがその後のモリムラ・ブラザーズの成長をもたらすことになります。第二は、西洋人の使用です。当然の提案にも思えますが、アメリカに先駆的に進出した当時の日本人商店にそのような前例はなく、それゆえ慧眼だったというべきでしょう。

こうして村井は、豊の片腕として森村ブラザーズの事業基盤を固め、モリムラ・グループに欠かせない人材となってゆくのです。

政府の保護という阻害

こうして市太郎の貿易事業を支える主要なメンバーが揃いはじめましたが、森村組の経営基盤はまだ軟弱で、困難の連続であったといってよいでしょう。なかでも政府の輸出奨励政策が森村組の脅威であったことは、一見、不思議な印象を受けます。その事情は次の通りです。

当時、明治政府が着手していた数々の産業奨励政策を総称して殖産興業政策と呼びます。前述の勧業博覧会の開催もそのひとつでしたが、そのほかにもさまざまな政策を展開しており、政府資金の融資による輸出奨励も重要な政策でした。輸出商社に政府が補助金を与えたのです。

政府の補助を受けた商社のひとつに、起立工商会社（明治七年設立）があります。同社は明治時代の前半期における国内最大規模の工芸品製作・輸出会社でした。その主な輸出品は陶磁器、銅器、扇、漆器などでした。政府資金にとくに大きく依存した商社で、資金的に潤沢であったため、当時の名工たちに作らせた陶磁器、銅器などを大量に輸出していました。

村井保固。大らかで、誠意の感じられる接客からニューヨークの客に愛された。

一方、起立工商会社よりも一年ほど遅れて設立された森村組は、輸出補助金を拒否し、独立自営を貫きました。起立工商会社のように政府の保護を受けた商社が、市場調査をおこなわず見込みで商品を大量に現地に送り込んだ結果、滞貨が増え売値を引き下げることになりました。森村組もその値下げの影響を受け、閉店・倒産さえ覚悟しなければならないほどでした。

やがて、政府の保護を受け、ずさんな経営を続けていた日本商社は、すべて姿を消していきます。いかにコストを引き下げるか、どのように市場を開拓するかという経営の基本が、政府の保護によって等閑《とうかん》に付されてしまったことが最大の原因でしょう。市太郎にいわせれば油断した、あるいは「事業に対する熱心が乏しい」のです。起立工商会社もその例外ではなく、政府から融資された三十一万円もの巨額の資金を返済できないまま明治二十四年、五十四万円の欠損を出して解散しました。現地での信用を得ることに腐心し続けた森村組が、その後も、アメリカ市場の動向に機敏に対応し経営を拡大させていったのとは、まことに対照的でした。

クロード・モネ
一八四〇～一九二六年。印象派を代表する画家。作品『印象、日の出』は「印象派」の名の由来にもなった。

明治15年、モリムラ・ブラザーズは、小売りから卸売りへの転換を図る。写真は、明治17年当時の様子。

三、アメリカ市場の動向

アメリカのジャポニズム

当時のアメリカは、ジャポニズム（日本趣味）と呼ばれる日本ブームのさなかにありました。ジャポニズムといえば、十九世紀後半のフランス美術がすぐに思い浮かぶように、その中心はヨーロッパでしたが、アメリカでも南北戦争（一八六一～六六年）後、日本の文物が大量に流入し、ジャポニズムが始まっています。こうしたブームが、市太郎たちが日本の骨董品や伝統的な物産の輸出を試みる時代背景となっていました。

注意したいのは、ジャポニズムには二つの側面があることです。ひとつは日本の美術品、工芸品、さらには日用品などを愛好し、手元に置いて部屋を飾ったり身に付けたりする趣味です。もうひとつは、日本の美術品や工芸品に触発されて欧米人自身が日本風のデザインを取り入れた家具、調度品、日常品などを創り出すという東西文化の融合です。クロード・モネ*、エドゥアール・マネ*、ファン・ゴッホ*、エドガー・ドガ*といった印象派の画家たちが自分たちの作品に浮世絵の表現方法を巧みに取り入れたことはよく知られていますが、こうした傾向は芸術品に限らず工芸品や日用品にまで広がりました。言い換えれば、ジャポニズムの影響は一部の日本文化愛好者だけではなく、広く大衆に及びました。

たとえば、着物は欧米に輸出されただけでなく、着物を欧米風に

エドゥアール・マネ
一八三二～一八八三年。
フランスの画家。

ファン・ゴッホ
一八五三～一八九〇年。
オランダ人画家。生前に売れた絵がたった一枚という不遇の人生を送る。

移転を伝える当時のチラシ。明治後半には、モリムラ・ブラザーズは、現地で最大の日本商店になっていた。

専属画付工場、西郷（西郷久吉）による皿。小菊に金盛画が描かれている。

アレンジした衣類が現地でも製造されるようになりました。着物風のガウンや、袖をつなぎ合わせず一枚の生地から仕立てた、なで肩の服「キモノ・スリーブ」などが有名です。工芸品でも同様で、アメリカではニューヨークのティファニー社が、一八七一年に日本風の陶磁器の皿を作り、その後も日本的趣向を取り入れた陶磁器や銀製品を製造し、販売し続けています。また、ボストン周辺ではいち早く「ジャパネスク」焼き物が作られ、その後はアメリカ各地で日本風デザインを取り入れた窯が現れました。

アール・ヌーヴォーの台頭

当初の日本の欧米への雑貨輸出は、ジャポニズムに促され拡大したのですが、欧米の側が日本風のデザインや意匠を取り入れた美術品や日用品を作り始め、それが一般大衆にまで浸透し始めると、当然ながら日本の雑貨輸出のライバルとなります。

わけても重要なのは、十九世紀末のフランスで登場したアール・ヌーヴォーという新

エドガー・ドガ
一八三四〜一九一七年。フランスの印象派の画家。

しい装飾美術様式に人気が集まり、ジャポニズムに陰りが出てきたことです。アール・ヌーヴォーは、優美な曲線を多用し、植物、鳥、ならびにトンボ、その他の昆虫をモチーフとする装飾的な図案に特徴がありました。産業革命の進展に伴う手工業から機械工業への移行に連動して登場し、一九〇〇年のパリ博以降、世界的に流行しました。この様式は日本美術の影響を受けたもので、絵画において浮世絵の影響を受けて印象派が登場したのと同じく、装飾美術でも、日本美術の表現技法や主題に感化されてアール・ヌーヴォー様式が登場したのです。

前述のように、一八七〇年代からジャポニズムを取り入れた製品を売り出し成功を収めていたティファニー社は、アール・ヌーヴォーにも早くから着手し、十九世紀末～二十世紀初頭の各種の博覧会にアール・ヌーヴォー様式の作品を数多く出品し、賞賛を浴びています。

こうしたなかで森村組は、実用品というよりも、伝統的な日本風の絵柄（九谷焼*や伊万里焼*のような絵柄）を持つ装飾品・工芸品としての陶磁器の輸出に力を入

印象派
十九世紀後半、フランス絵画から始まり、彫刻、音楽、文学にも及んだ芸術思想。印象主義。

森村組の専属画付工場だった藤村（藤村與兵衛）の皿。和風の花鳥風月画が描かれている。

九谷焼
石川県九谷で産出される陶磁器で、明暦年間（一六五五～一六五八年）に開窯。元禄年間（一六八八年～一七〇四年）までに焼成されたものは「古九谷（こくたに）」と呼ばれる。

れ始めます。しかし、いつまでも純然たる日本風のデザインや絵柄では、欧米の業者に太刀打ちできず、このような流行の変化を踏まえ何らかのアレンジを施さなければ、欧米の業者と伍していくことができなかったことに注意する必要があります。

ウェッジウッドのブランド戦略

陶磁器のように、機能では大差がない商品の販路を広げていくためには、デザインや絵柄の工夫とともに、消費者の信頼を確保し、他の製品と区別されることが必要です。販売店の名前だけを聞いて、その商品が信用されるような評判を得ること、つまり、ブランドを確立することです。とりわけ森村組の場合、日本風のデザインや図柄を売り物にしたことによって、実用的な工業製品としてではなく工芸品・美術品としての陶磁器の販売に必然的に力を注ぐことになりましたから、〈モリムラ〉の名を消費者の

アール・ヌーヴォー様式の飾り壷。華麗な白鳥が描かれている。明治24～36年の作品。

すでにイギリスでは、いちはやく陶磁器販売にブランドの力を活用していたことを紹介しましょう。

間に浸透・定着させることは非常に重要だったといえましょう。

陶磁器販売におけるブランド戦略は、イギリスのウェッジウッドが先例となっていました。ウェッジウッドとは、産業革命のさなかの十八世紀後半のイギリスで、王室や貴族から一般消費者まで幅広い支持・愛顧を得てブランドを確立した著名な陶磁器メーカーで、その製品は今日でも最高級陶磁器として知られています。それまでの陶磁器は、中国の景徳鎮《けいとくちん》*やドイツのマイセン*のように、産地名が高品質の証となっていました。同じイギリスのチェルシー磁器工場*も自社のマークを使っていたのですが、ウェッジウッドははじめて自社名を焼成前の陶土に押印したのです。その結果、ウェッジウッドの名は広く知られることになったのです。

社名を明記することには当然、宣伝効果がありましたが、ウェッジウッドの名が広まった最大の要因は、上流階級への製品の売り込みに成功した点でしょう。とくに効果的だったのはロシア王室に気に入られたことです。一七七三年にロマノフ王朝*のエカテリーナ大帝*は五〇人分のディナーセットをウェッジウッドに発注しましたが、その一点一点にイギリスのさまざまな風景が手描きで描かれていました。完成の後、ウェッジウッドはこのディナーセットをロンドンのショールームに飾り、貴族の間で話題をさらったといわれています。アメリカでも、明治三十六（一九〇三）年に、大統領セオドア・ルーズベルト*がホワイトハウス用に一三〇〇点の正餐用食器セットを特注しています。

伊万里焼
江戸初期から佐賀県有田地方で作られた磁器。主に有田焼を指す。

景徳鎮
江西省北東部の都市で、陶磁器生産地として有名。同地の陶磁器は世界中に輸出された。

マイセン
ドイツ南東部の都市。マイセン窯はヨーロッパではじめて白色磁器を産み出した。

チェルシー磁器工場
一七四五年に開窯されたイギリス最古の磁器窯。その後、英三大古窯のひとつダービーに買収される。

市太郎のアメリカ視察

かのルイ・ヴィトンもまた、フランス皇室の御用達となってブランドとしての地位を確立していますが、このようにブランドは、国王や貴族といった大きな権威を持つ顧客からの信用を得てはじめて誕生することがしばしばです。流行の旗振り役である上流階級からの支持・信用が得られれば、上流階級を模倣する中産階級への売り込みも成功します。需要の多くは中産階級の中から生まれるので、売り上げは確実に増加するのです。

ウェッジウッドもその例外ではなく、ロシア王室からの注文を受けたことの名誉と話題性を宣伝することによって、富裕階級や貴族、さらに彼らに憧れる中産階級の間にそのブランド名を浸透させたのです。しかも、産業革命の進展によって十九世紀から二十世紀にかけて、中産階級は急速に増加していました。市太郎が陶磁器輸出に力を入れることになったのは、こうした時代でした。

明治十三（一八八〇）年秋、市太郎は視察のためにはじめてアメリカに渡航しました。この視察を通じて、市太郎は、アメリカのウィンドウに並べられた陶磁器の品質・形状・色柄が日本のものとはまったく異なっていること、装飾用の手描きの高級陶磁器(hand painted fancy china）の多くがヨーロッパ製品であることなどを知りました。

同時に、貴族のいないアメリカの陶磁器需要は、ヨーロッパ以上に一般大衆、なかん

ロマノフ王朝
一六一三年、ロシアツァーリ（専制君主）、ミハイル・フョードルヴィッチ・ロマノフがロシア皇帝に就任してから、一九一七年まで続いたロシアの王朝。

エカテリーナ大帝
エカテリーナ二世。ロマノフ朝の第八代ロシア皇帝（在位一七六二～九六年）。ロシア帝国の領土を拡大し、「大帝」と称される。一七二九～一七九六年。

セオドア・ルーズベルト
アメリカ合衆国の第二十六代大統領（在任一九〇一～一九〇九年）。一八五八～一九一九年。

転写画
手描きするよりも、大量に生産することができる。

ずく中産階級に依存するところが大きく、しかも、その中産階級の成長が著しいことにも気付いたはずです。さらに、ヨーロッパから輸入される高級陶磁器に憧れながらも、その購入は富裕層に限られ、中産階級や一般大衆の多くは廉価な転写画*の陶磁器で満足しなければならなかった実情も知ったのです。

おそらく、以上のような事情を見聞し、豊や村井とも相談して新物の陶磁器の輸出が有望であるとの確信を市太郎は得ました。骨董的な陶磁器には数に限りがあり、大きな取引が不可能だったからです。翌十四年に帰国した市太郎は、早速、新物の陶磁器と日本的な雑貨類を販売の中心にすることを決めました。後に市左衛門は、「世界の大勢や商売の大方針、これについては常に主任たる者は十分実際に取り調べること、景況の変化をよく経験することなど一日も忘れることはできません」、あるいはまた「創業の教訓としての注意点は……時代の趨勢を能く見ること」「〔成功の鍵は、単に奮闘努力するということだけではなく〕時代の要求に適応せるや否や」などとも述べていますが、この訪米により市太郎は〈時代の趨勢〉を直感的に感じ取ったに違いありません。

画付工場の専属化

しかしながら、明治十四（一八八一）年からアメリカの景気は低迷します。日本の徳

明治14年1月、ニューヨークにて。豊（左）と市太郎（右）。市太郎は、アメリカ視察で改めて陶器輸出の将来性を確信した。

専属画付工場の製品。上段右が杉村、下段左より、藤村、井口、藤村の作品。各専属画付工場には優れた画工が集まり、美術的にも評価の高い製品を多く作り出した。

利や茶碗の売れ行きは行き詰まり、モリムラ・ブラザーズの商品の売れ行きも思わしくなくなりました。豊は一時、閉店を考えたほどです。利益を確保するために、森村組はやむなく政府の支援を得て米穀輸出を手がけました。陶磁器輸出を成功させるためには、ウェッジウッドのように、他の業者とは異なる工夫をし、そのブランド名を市場に浸透させることが、ますます必要となっていたといえるでしょう。

実際、森村組は明治十七年頃から、みずから陶磁器の商品設計を試み始めています。当時の日本の陶磁器業では、輸出の増加に伴って上画付《うわえづけ》業が成立していました。産地から生地を仕入れ、西洋絵の具を使用して画付けを施し、輸出するのです。森村組でも、新物の陶磁器輸出に力を入れるに従って、フランス製の生地のほかに瀬戸の生地を仕入れ、それを専属の工場に送り画付けを施すようになりました。欧米業者との間の競争では、純日本風のデザインや図柄で差別化が図れ

インポート・オーダーを受注するためのデザイン帖と製品。モリムラ・ブラザーズのインポート・オーダーによって、アメリカ市場の裾野は広がり、ファンシーウェアの需要は一気に拡大した。

たので、この強みを最大限利用しようとしたのでしょう。ただし、アール・ヌーヴォーの影響もあって、ジャポニズムのブームに乗るだけでは不十分であったことについては前にも触れた通りです。

専属の画付工場のなかで最も有名なのが、東京の瓢池園《ひょうちえん》（河原工場）です。瓢池園が森村組と専属契約を結んだのは明治十七年頃と伝えられています。瓢池園は、明治六年のウイーン万博*への出品のために明治政府がその前年に建設した博覧会*事務局附属磁器製造所を、御用係河原徳立《かはらのりたつ》に払い下げた工場です。陶磁器の上画付けを芸術的に高め、内外の博覧会で多くの賞を獲得しています。二十三年頃には、そのほかに東京の杉村、井口、藤村、足立、太田、京都の石田、名古屋の西郷の各工場と専属契約を結んでいます。

インポート・オーダー

ウイーン万国博覧会
一八七三年にオーストリア・ウィーンで開かれた。日本の政府がはじめて公式参加した万国博覧会でもある。

その一方で、リスクを軽減するために、明治十八（一八八五）年頃からインポート・オーダーの受注を始めました。インポート・オーダーとは、六カ月ないし一年後に荷渡しする前提で図柄を描いた見本帳を見せ、通常よりも割安で注文を受けつける取引です。それまでは見込みで大量に仕入れた商品を店頭でストックし、薄利多売していく手法でしたが、これにはさまざまなリスクが伴ったのです。

これが当たりました。インポート・オーダーの対象となったファンシーウェア（花瓶、置物などの室内装飾品）が、次第に森村組の主力商品となり、森村組の輸出品のうち、陶磁器の比重は七割以上を占めるようになりました。

ヨーロッパからの輸入品は値段が高かったのですが、モリムラ・ブラザーズの販売する陶磁器は、手描きのすばらしい絵柄でありながら、大衆でも購入ができるほど安価だったのです。しかも、荷造りは丁寧で、粗悪品はなく、実物は見本よりも精巧に作られたため、アメリカの顧客の間で信用度が高まりました。その人気は、ヨーロッパの陶磁器メーカーの脅威となるほどでした。

こうして〈モリムラ〉の名がアメリカ市場に浸透し、

明治44年〜大正10年に製造されたファンシーウェアの壷。中央に美しいバラが描かれている。

後に登場したノリタケ・ブランドを広める礎となったことに注意しなければなりません。前述のピーター・ドラッカーは、「新しい市場と新しい顧客を創造する者」を起業家と定義しています。この定義に従えば、生産工程や販売方式を工夫して、ヨーロッパとは異なるデザインと価格の陶磁器をアメリカに輸出し、顧客層を拡大させ得たことによって、市太郎や豊はまさに起業家に変身したというべきでしょう。

豊の「米状神聖」

当時、豊は東京本店に対して「米状神聖」を厳命していました。アメリカのモリムラ・ブラザーズからの手紙やその指示に、東京の本店は絶対に従わねばならない、という意味です。アメリカ人の嗜好や流行に機敏に対応しながら良品の供給を徹底し、それによって顧客に満足を与えることこそアメリカ市場における成功の鍵だ、と見なしたからです。豊亡き後の明治三十八（一九〇五）年に、市左衛門は「豊君の米国よりの書状には毎便、小言のないことはなかった」と語っています。こうした方針が多くの顧客の信用を獲得し、〈モリムラ〉の名をアメリカに浸透させるのに与って大きかったことは前述した通りです。

森村組の顧客重視の姿勢は、前述のウェッジウッドの経営方針とも符合します。市太

博覧会事務局附属磁器製造所
明治政府が、ウイーン万国博覧会の前年の明治五（一八七二）年、同万国博覧会への出品物を製作するため、浅草に建設した。河原徳立は、海外に習い、これを官営の窯にするよう進言したが、聞き入れられず、翌年に閉鎖された。そのため河原は同製作所を払い下げてもらった。

輸出送り状。上は明治35年、下は明治27年のもの。同状は、ノリタケの森にある森村・大倉記念館にいまも大切に保管されている。

郎もウェッジウッドの陶磁器を、アメリカのショウ・ウィンドウでガラス越しに凝視していたはずです。後に日本陶器はウェッジウッドの陶器を独自の技法で模写し販売しており、ウェッジウッドの製品が早くから市太郎や孫兵衛の目標のひとつになっていたことは間違いないようです。

このウェッジウッドの最大の成功要因は、前述のように消費者の行動に適応したブランド・販売戦略を展開したことにあります。森村組はその先例にならったといえそうですが、モリムラ・ブラザーズの当初の売り込み対象が貴族のいないアメリカの中産階級であった点は、中産階級への売り込みに王室や貴族の支持・愛用を上手に利用したウェッジウッドとは事情が異なります。むしろ中産階級を最初からターゲットにしていたという点では、既製服ブランドのシャネルに似ています。

ただし、シャネル、そして後に述べる御木本幸吉が、新聞、雑誌、ラジオ*、テレビ*などのマス・メディアを大々的に活用してブランドを市場に浸透させようとしたのに対して、森村組がそれらのメディアをあまり活用せず、もっぱら製品の改良に精力を注いでいた点は相違しています。つまり〈誠実〉と〈信用〉をモットーに良品の供給に徹し、声価を高めたのがモリムラの特徴といえます。市場の動きに応じて製品の改良を森村組がどのように進めていったのかを、次章で具体的に見ていきましょう。

ラジオ
大正十四年（一九二五年）、社団法人東京放送局（JOAK／現、NHK東京放送局）により日本初のラジオ放送がおこなわれた。

テレビ
日本でテレビ放送が開始されたのは昭和二十八（一九五三）年。

第三章　陶磁器の生産

一、ジャポニズムからの脱却

日本で最初のコーヒーカップ

ファンシーウェアのインポート・オーダーを開始する前々年の十六（一八八三）年に、豊は当時アメリカで人気を得ていたフランス製のコーヒーカップの見本を東京の本店に送り、その製造に着手するよう市太郎に要望しています。

見本を送られた市太郎と孫兵衛は、早速、瀬戸*や京都の窯元にその見本のコーヒーカップを示し、製造を打診しましたが、ハンドル付きの茶碗は、日本人の陶工には製造経験がないため、製法がわかりませんでした。無理に作っても、把手の重みで口がゆがんでしまうのです。そこで、横浜の外国商館*からフランスの生地を仕入れて、前述の東京、名古屋、京都の専属画付工場で画付けをさせる一方、瀬戸の陶工、川本桝吉に研究をさせ、なんとか日本で最初のコーヒーカップを完成させました。生地は灰色、分厚く重い

瀬戸
愛知県。良質の土が取れたことから古くより陶業が盛ん。日本六古窯のひとつに数えられ、瀬戸焼の産地として知られる。また「瀬戸もの」は陶磁器を表す語ともなった。

外国商館
外国の商人が取引をおこなう商店のこと。

明治22年9月、ニューヨークで撮影された市太郎（右）と豊（左）の写真。

カップで、コスト・価格も割高でしたが、九谷焼風の美しい画付けのためアメリカでは好評でした。洋食器とはいえ、ジャポニズムの恩恵を被ったといえましょう。

森村組は瀬戸で数軒の窯元と特約して、生地の製作に当たらせましたが、同時に、ニューヨークのモリムラ・ブラザーズからは、ポット、シュガー・クリーマーなど洋風生地の見本が相次いで送られてきました。桝吉はそれらによって研究を進め、製作技術を著しく向上させました。とはいえ、まだ純白の生地はできず、ファンシーウェアに代わる事業の柱とするには、さらに研究と経験を積む必要があったのです。

洋風画付けへの転換

日本の陶磁器をそのまま輸出するだけでは顧客層に限界がありますが、どのように改良すれば海外の顧客層を広げることができるのか。また、長期にわたる消費者の支持・愛顧を確保するような良質の陶磁器を作り出すためには、いかなる生産技術・体制が必要なのか。その解答を得るために、市太郎たちは欧米情報のさらなる収集に努めました。

森村組の幹部たちは、次々海外に視察に赴きます。まず明治二十二（一八八九）年、市太郎が豊とパリ万国博覧会およびパリ郊外のブーランジェ陶器工場を視察し、大量生産による効率化とともに、日本風画付けに依存した陶磁器輸出の限界を思い知らされました。次いで同二十六年、孫兵衛がシカゴで開かれた万国博覧会を見学し、彼もまた、生地の品質改善とともに図柄も洋風に改める必要性を痛感しました。欧米人の趣味・嗜好に適した洋風画付けでなければ、販路の拡大は期待できなかったからです。そこで孫兵衛は、シカゴ博からの帰国の際に、見本としてリモージュ*やドレスデン*の画付品や絵の具、筆などを持ち帰りました。

ジャポニズムに依存するだけでは事業の成長がおぼつかないことを認めた森村組幹部は、さしあたりファンシーウェアの図柄をそれまでの和風の花鳥画や人物画から洋風デザインに転換することにしました。孫兵衛の持ち帰った見本や絵の具を専属の画付工場に渡して、洋風の画付け技法を習得させたのです。その結果、ドレスデン風の西洋図柄の陶磁器を輸出し、好評を博すに至りました。彼らの思惑は見事に的中したので

リモージュ
フランス中部の都市。十八世紀後半、磁器の原料となるカオリンが発見され、ロワイヤル・リモージュなどが開窯。

ドレスデン
マイセンの近くにあり、マイセンよりも安価で良質の手描き陶磁器を数多く生産した。

純白の生地に、清楚で優雅な画付けが施されたドレスデン風の製品。

図表1　森村組の経営状況

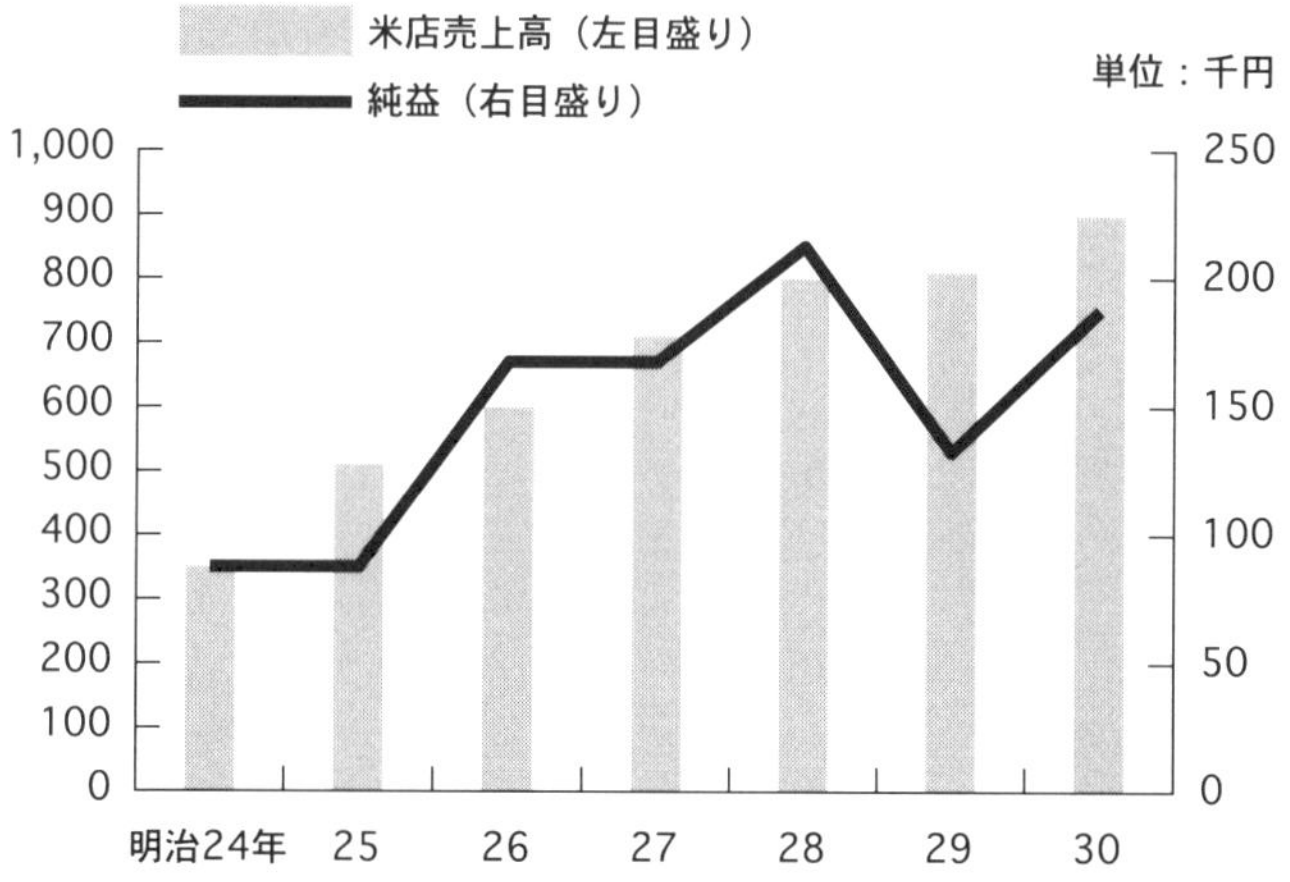

出典：宮地英敏「明治期日本における『専門商社』の活躍」。

す。事実、この時期の森村組のアメリカでの販売額や純益は、急速に伸びました（図表1）。

画付工場の集約化

彩画の洋風化に次いで取り組んだのが、専属の画付工場の集約化です。森村組は、明治十七（一八八四）年頃から東京、名古屋、京都の大小さまざまな画付業者と専属契約を結び、フランス製の白生地や瀬戸生地を彼らに渡して画付け作業を依頼していました。これらの専属画付工場、すなわち前述の河原徳立をはじめ、杉村作太郎、井口昇山、藤村與兵衛、西郷久吉などの工場は優れた画工を抱えていました。その作品は博覧会などにしばしば出品され、美術工芸品としての評価を得て入賞することも稀ではなく、輸出においても、彼らの純日本風の画柄を付けた陶磁器は大流行しました。

明治37年に集約された画付工場は、明治42年になると錦窯組として改編され、さらなる作業の効率化が図られた。写真は明治42年当時の画付け風景。

　しかし、図柄の洋風化に伴い陶磁器販売が増加すると、東京、名古屋、京都に分散していた画付け作業を集約化する必要性が痛感されてきました。ブーランジェ陶器工場のような大量生産はおぼつかないにしても、作業を集中し、一括して横浜・神戸に製品を送れば、製造や輸送のコストが大幅に節約できるからです。画付け作業を集約する地としては、明治二十五年に支店を開設した名古屋が選ばれました。瀬戸からの生地の仕入れや同地の窯元との折衝などが活発になっていたからです。

　もっとも、東京や京都の職工たちはそれぞれの地域の伝統にプライドを持っていたため、名古屋への移転には乗り気ではありませんでした。しかし、粘り強く説得したことにより職工たちの承諾をなんとか得ることができました。そこで明治二十九年に、橦木町《しゅもくちょう》（現、東区）の森村組名古屋支店敷地内に画付工場を建設し、さらに隣接地を買収し敷地を拡大するなどして、三十

錦窯組の画付け焼成工場。錦窯組は大正元年に日本陶器に吸収されるまで、「画付け」という重要な作業を担った。

一年に東京・京都のすべての画付工場の移転を完了しました。

名古屋に移転した各工場は、明治三十七（一九〇四）年に合併して錦陶組というひとつの組織にまとめられました。森村組から注文を取る便宜を図るためです。移転したとはいえ、それまで各工場は従来通りそれぞれ独自に製作を続けていました。各工場が絵付見本を差し出し、それに基づいて森村組が工場別に発注していたのです。

画付工場の分業化

さらにその後、画付け作業の分業化も図られました。意匠・模様・形状などを保護する必要があったからです。

同時に、錦陶組とは別に新たに見本工場を設け、各工場で働いていた見本画工だけはそこに集めることに

昭和の時代に入ると、大規模な工場改造が行われ、コンベア・システムによる画付け作業がおこなわれた。昭和12〜13年頃の風景。

なりました。

当時の画工は請負制で、親方の下で時間給を受けて働いていました。森村組と契約した工場主が、それらの親方に、見本の製作をはじめ、すべての作業上の指示を与えていたのです。しかし、画工は職場の人間関係や賃金を理由に工場を渡り歩くのが常でした。しかも、意匠や模様などに対する保護意識が希薄でしたから、森村組の専属工場が博覧会や共進会*に苦心の作品を出品しても、移転先の工場で模造することがしばしばでした。他工場のなかには、森村組の情報を得るために金を出してまで職人を引き抜く工場主もいました。

そこで、画付け作業を分業化しました。それまで、全工程がひとりの職人、ないしは一カ所に任された状況を、数人の手を経てはじめて全行程が完了する体制に変更したのです。こうすれば、個々の職人は作業行程全体を把握できず、自分の担当作業しか知らないの

共進会
農産物や工業製品を集めて公開し、その優劣を品評する会。産業の振興を図るため、明治時代から全国各地で開催された。競進会ともいう。

で、他の工場に移っても作業工程の機密が保持されるからです。

その後、錦陶組は解体されましたが、明治四十二年に専属画付工場を再び合併させて錦窯組が作られ、この錦窯組のもとで各工程の分業化が再び推し進められました。やがて錦窯組は日本陶器に吸収され、その分業方式は同社のコンベア・システムに受け継がれることになります。

二、日本陶器の設立

白色硬質磁器へのチャレンジ

市太郎が六代目市左衛門を襲名した明治二十七（一八九四）年、ニューヨークの有力取引先であるヒギンズ&サイダーという専門店の店主から、村井保固が忠告を受けました。事業を発展させるためには装飾品のファンシーウェアでは将来の見込みが薄いので、テーブルウェア（食卓用食器）のような日用品に主力を転換すべきだが、その場合、従来の灰色の生地を純白に改良する必要があるというのです。食卓用食器の場合、ファンシーウェアのように絵柄が陶磁器全体に広がっていないので、生地の灰色が目立って不潔に見えるのです。

硬質生地の生産も不可欠でした。当時の日本の陶磁器の食器といえば、熱に弱く壊れやすい軟質磁器だったからです。そのような陶磁器では食事用として不適格です。安易なジャポニズム依存から脱却し、日用品の販売を拡大するには、絵柄やデザインを変えるだけでなく、西洋の陶磁器のように硬質で白質の生地を生産することも必要だったのです。

村井からヒギンズ&サイダーの忠告を伝えられた東京の本店は、「米状神聖」の取り決めに従って、生地の品質や形状を改良し、実用的な白質硬質磁器の製造・輸出に力を入れる方針を打ち出しました。そのためには、森村組自身が陣頭に立って製造業者を指導することが必要でした。市左衛門は、早速、東京工業学校（現、東京工業大学）の校長手島精一*に相談し、手島の周旋で金沢の工業学校で教師を務める飛鳥井《あすかい》孝太郎を招請して、森村組名古屋支店の敷地内で白色生地の研究に当たらせました。モリムラ・ブラザーズからの通信（米状）も、それまでは東京本店経由で名古屋店に送られて来たのを改め、明治三十二年から一

手島精一
日本の工業教育発達に貢献した教育者。現、東京工業大学の第三代、第五代学長を務める。一八四九〜一九一八年。

飛鳥井孝太郎。ヨーロッパの工場を見学し、先進技術を持ち帰った。

括して直接名古屋店に送られるようにしました。

アール・ヌーヴォーへの挑戦

この明治三十二（一八九九）年六月、市左衛門は、後継者と期待していた二十六歳の長男森村明六*を肺結核で、七月に四十五歳の豊を胃ガンでそれぞれ失いました。後年、市左衛門は豊について「森村組の事業は実に弟が、土台を作ってくれた」と語っていますが、まさに市左衛門と並ぶ主柱といって過言ではなかったでしょう。

豊（左）。アメリカでのモリムラの名声を文字通りゼロから築いた。写真中央は明六、右は孫兵衛。

しかし、豊が確立したアメリカ情報への機敏な対応という森村組の陶磁器輸出の方針は、豊に代わってニューヨーク店の責任者となった村井のもとでも揺るぎませんでした。そのことを端的に示すのがアール・ヌーヴォー様式への挑戦でしょう。アール・ヌーヴォー様式とは、前述のようにジャポニズムの影響を受けて十九世紀末に登場し、一九〇〇年のパリ万博以後、世界的に流行していったデザインです。当時、欧米市場で最も販路を広げやすい図柄だったといえます。一九〇〇年のパリ万博で陶磁器の審査員を務め

森村明六
森村市左衛門の長男。次男は開作（後に七代目市左衛門）。一八七三〜一九〇〇年。財団法人豊明会の「豊明」は、弟「豊」と明六の「明」がとられ名付けられた。

た河原徳立は、日本の陶磁器の意匠やデザインが流行遅れとなっていることを、帰国後に報告しています。

こうした流行の変化のなかで、モリムラ・ブラザーズから知らせてくる欧米の最新の器形、流行の模様をもとにユニークなデザイン製作が試みられました。とりわけ装飾性・芸術性の高いファンシーウェアにおいて、その傾向が顕著でした。アール・ヌーヴォー様式の「盛り上げシリーズ」、「モールド*シリーズ」、「タペストリー*シリーズ」などがそれです。〈日本型アール・ヌーヴォー〉と呼んでよいでしょう。

代表的だったのは「盛り上げシリーズ」です。「盛り上げ」とは陶磁器の表面を立体的に装飾する日本の伝統的技法で、欧米では高度な技として高く評価されていました。以前から森村組は「盛り上げ」を得意としていましたが、とりわけ高度な技術を要したのは、一度焼成した盛り上げ陶磁器のうえに金液（水金）を塗り被せる「金盛り」と呼ばれる技法でした。アール・ヌーヴォー様式の「盛り上げシリーズ」では、同時代のヨーロッパの風景画や人物・動物を大胆に描い

モールド
石膏の型によってモチーフを浮き彫りにし、立体感を出す技法のこと。

タペストリー
生地の表面が柔らかいうちに麻布を張り焼成し、そこに絵付けする技法。

樹木、枝葉が金盛りのひとつ「イッチン技法」によって繊細に描かれている。盛り上げの代表作。

ていますが、その場合にも金盛りをはじめとする盛り上げ技法が駆使されています。

ローゼンフェルド家との約束

明治三十五（一九〇二）年、森村組と取引関係のあったローゼンフェルド家の兄弟アルフレッドとルイスが、村井の紹介で名古屋支店を訪ねてきました。同家はオーストリアにヴィクトリア製陶工場を所有し、ロンドンやニューヨークでは陶器・雑貨類の販売を営んでいました。二人の兄弟は、森村組陶磁器に特徴的な金盛り画付けの技法を習得に来たのですが、孫兵衛は、二人に金盛り画付けの技法を詳しく説明するとともに、白生地改良について助言を懇請しました。二人は瀬戸の工場を見学した後、近代化の必要性を説くとともに、孫兵衛にヨーロッパの工場の視察の斡旋を約束しました。

そこで明治三十六年に、孫兵衛、村井、飛鳥井、そして孫兵衛の長男でモリムラ・ブラザーズ店に勤務し

金盛り技法によって、黄金色に輝くオールド・ノリタケ。その絢爛たる仕上がりは、いまも多くのコレクターを魅了している。

ルイス・ローゼンフェルド（左から2人目）。大倉孫兵衛はローゼンフェルドに金盛り画付けの技法を教え、ローゼンフェルドは孫兵衛に白生地改良の助言を与えた。

ていた和親が渡欧し、ローゼンフェルドが所有するヴィクトリア工場で技術指導を三週間受けることになりました。また、飛鳥井はベルリンの粘土工業化学研究所を訪れ、日本から持参した各種原料の調合による白色硬質磁器生地の製法についての研究を依頼しました。これらの研究成果に基づいて、森村組は白色硬質磁器を製造するための製陶会社の設立を決定します。

則武の新会社

孫兵衛一行が帰国した明治三十六年十月、森村組は工場建設の準備に着手し、翌三十七年一月に、名古屋郊外の則武《のりたけ》（現、名古屋市内）で工場用地を買収、その地に日本陶器合名会社を設立しました。資本金の内訳は、市左衛門三万円、孫兵衛二万五千円、村井保固二万五千円、大倉和親一万五千円、飛鳥井孝太郎五千円でした。森村組名古屋支店と画付工場があった名古

日本陶器合名会社の工場建設の様子。ドイツ式生産方式を元に工場の設計がおこなわれた。欧米視察による心労から孫兵衛が体調を崩したため、和親（写真中央）が陣頭指揮を執った。

屋市内の橦木町は、大工場の敷地としては不適切でした。瀬戸も新工場建設地の候補にあがりましたが、良好な水質や輸送上の便宜を考慮して則武の地に決定したのです。

則武における工場建設は、二月に地鎮祭、十一月に第一号窯火入れがおこなわれました。その後、第二号窯など他の施設も順次完成し、明治四十一年には、画付工場が橦木町から移転しています。

この新会社の経営は、孫兵衛と和親に委ねられました。輸出販売の業務から切り離すべきだとの考えによります。ただし、孫兵衛が六十歳を超えて病気がちであったため、初代代表社員（社長）には、弱冠二十九歳ながら統率力と実行力を持つ和親が選ばれました。

和親は明治八年、父孫兵衛、母なつ子の長男として東京の日本橋で生まれました。同二十七年、慶應義塾*正則《せいそく》本科を卒業し、森村組に入社しました。最初は神戸支店に勤務しましたが、翌二十八年に渡米して、か

日本陶器合名会社工場は、明治37年に完成した。同社設立により、森村組が販売を担い、日本陶器が生地製造をおこなう形で、役割分担が図られた。

つて豊が学んだニューヨーク州のイーストマン・ビジネス・カレッジに入学し、全課程修了後、モリムラ・ブラザーズに入社します。

慶應義塾正則本科
「正則」とは外国人から外国語の発音と意味を学ぶこと。それに対して、日本人から外国語の意味だけを学ぶことを「変則」といった。

国内販売の増加

新工場が建設されたとはいえ、純白の生地の生産は容易ではありませんでした。明治四十一（一九〇八）年に七号窯を築造しましたが、四十二年になっても窯出し歩留まりは全体の六十七パーセント程度、そのうち上物として及第する製品は十パーセントにも届きませんでした。そのため、操業すればするほど損失が多くなるので、窯の増設はいったん中止し、既設窯による作業の改善に力を注ぐことになりました。

大倉和親。弱冠29歳にして日本陶器合名会社の初代社長に就任し、その重責を担った。

則武の工場が製造する製品は、当面、国内販売に当てられました。国内における洋風高級磁器の市場は小さく、しかも、その多くは英仏両国からの輸入に依存していましたが、明治四十二年には内地販売部が設けられ、三越、白木屋、明治屋などと販売特約を結んで

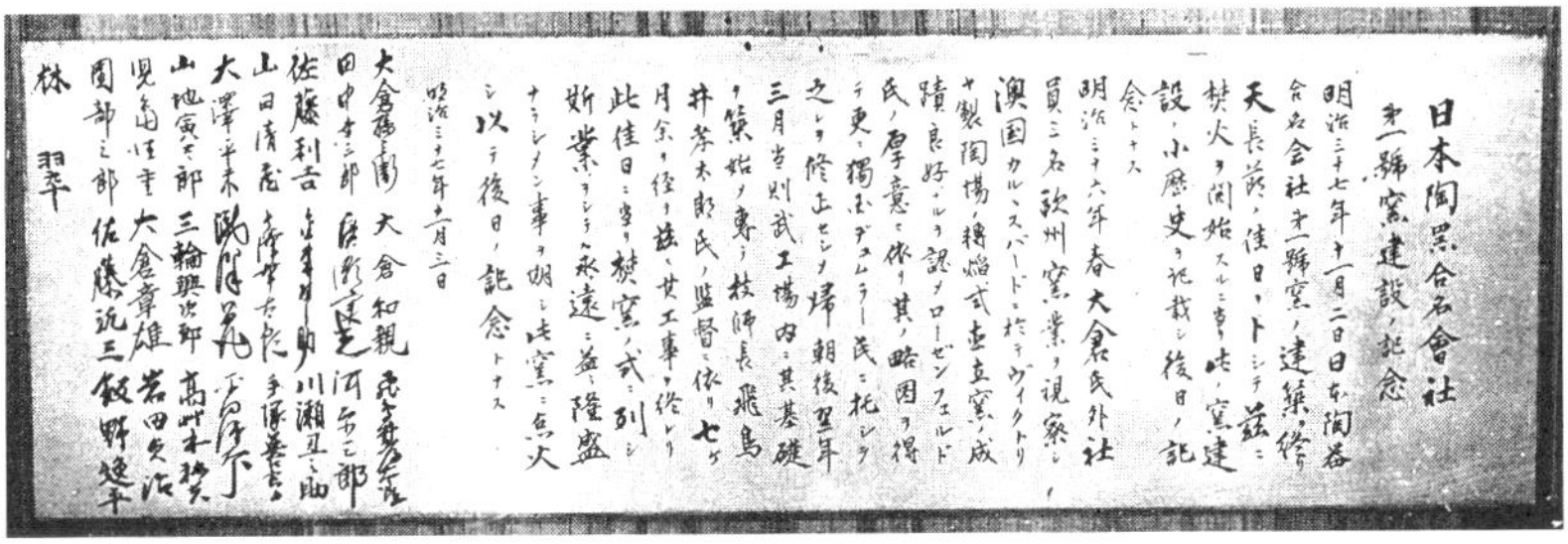

ヨーロッパ窯の視察、ローゼンフェルド氏の厚意など、建設の経緯が記された「一号窯建設記念文」。

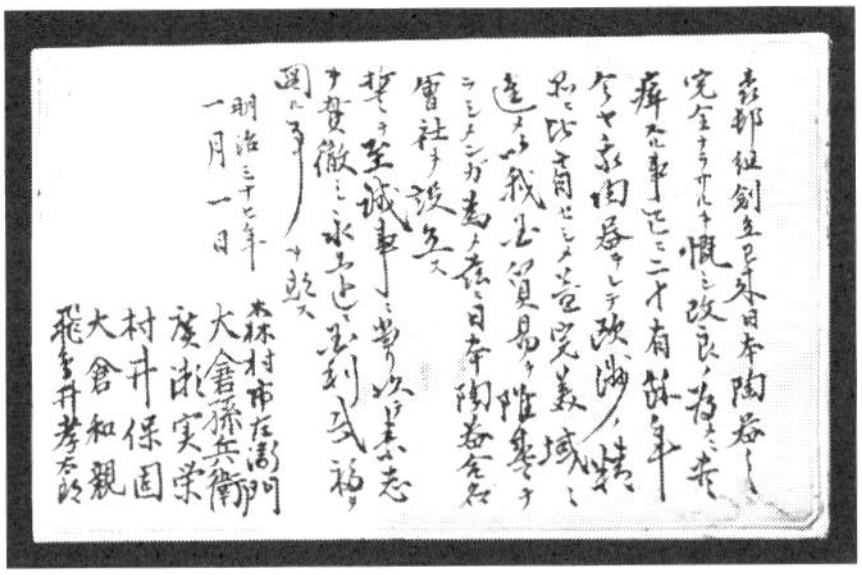

市左衛門をはじめ、孫兵衛、和親の名が記された「日本陶器宣言文」。当初、予定された社名に「日本」の文字はなかったが、市左衛門は世界を相手にするのに必要だと入れるよう指示し変更された。

います。さらに宮内省・海軍省、帝国ホテル、上野精養軒、三井・住友両家などからも注文が来るようになりました。宮内省への納入は、同四十三年に皇太子(後、大正天皇)が日本陶器を訪問したのが契機となっています。

もっとも、増加したとはいえ、国内向け販売は、日本陶器の陶磁器販売全体の十パーセントをやや超える程度にすぎませんでした(図表2)。明治・大正期のピークとなった大正七年でさえ、十四パーセントでした。たとえば、東京青山の西洋料理店東洋軒が、皇室の宴会や、皇族、華族、爵家などのケータリング・サービス用としてサラダ皿を大正末期に特注していることから窺われるように、国内では、まだ上流階級にしか販路は開かれていなかったからでしょう。中産階級をターゲットとしたアメリカ市場と、国内市場は大きく異なっていたのです。

図表2　日本陶器の陶磁器販売内訳

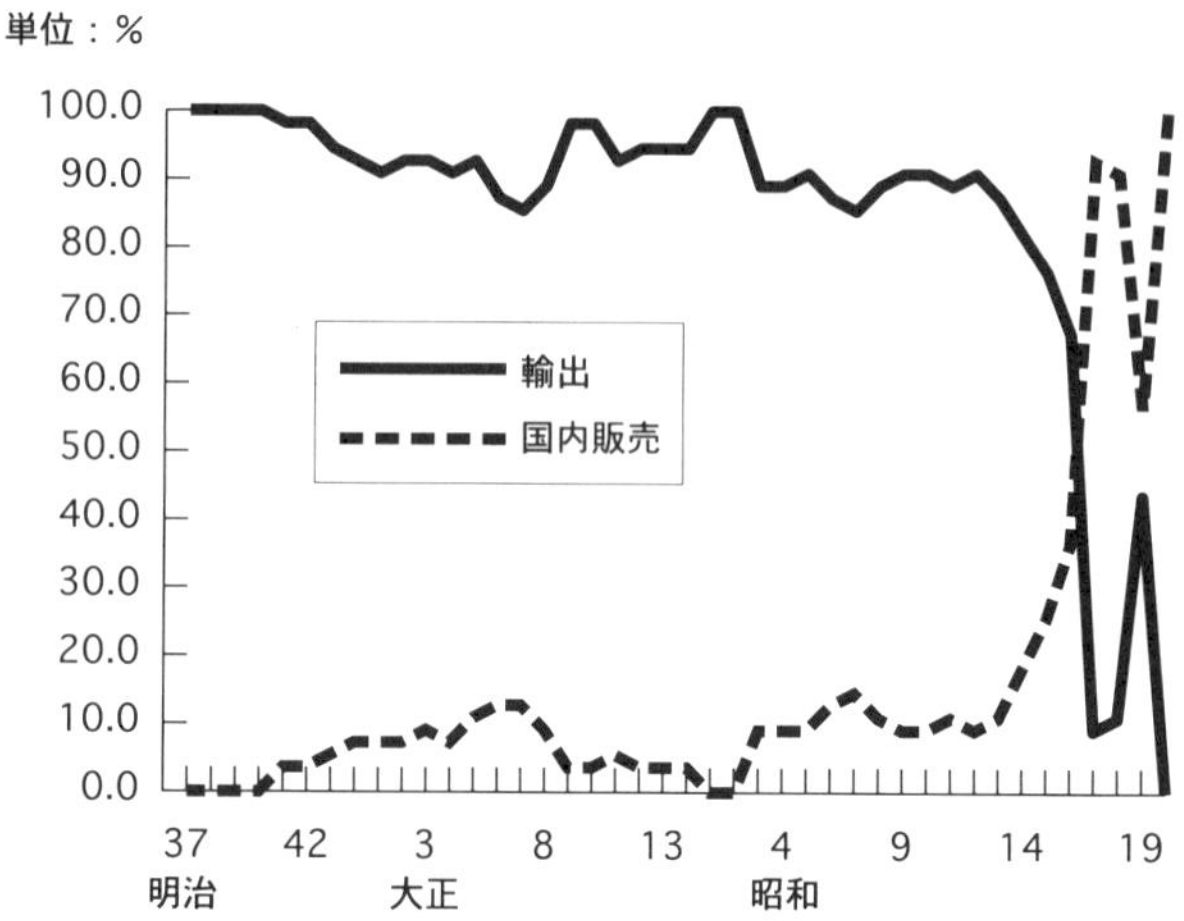

出典：『日本陶器七十年史』。

森村市左衛門と大倉孫兵衛の衝突

従来からのファンシー・セットの輸出と、国内販売の増加もあって、日本陶器は、ようやく明治四十三（一九一〇）年から黒字に転換しました（図表3）。しかも、皇室御用達となったことは、ロイヤル・ブランドとして国内において揺るぎない地位にまで上り詰めたことを意味します。

しかし、その威光は海外にはまだ及びませんでした。ディナーセットのうち直径八寸（約二十五センチ）のディナー皿の生産に成功していなかったからです。そのためディナーセットの輸出の目処がたちませんでした。ファンシーウェアの輸出によって得た黒字で日本陶器の累積赤字をカバーしていた森村組にも、苛立ちが現れるようになりました。

明治四十一年、ついに市左衛門と孫兵衛が衝突してしまいます。懸案の八寸皿の見本を孫兵衛から見せら

図表3　日本陶器の利益率

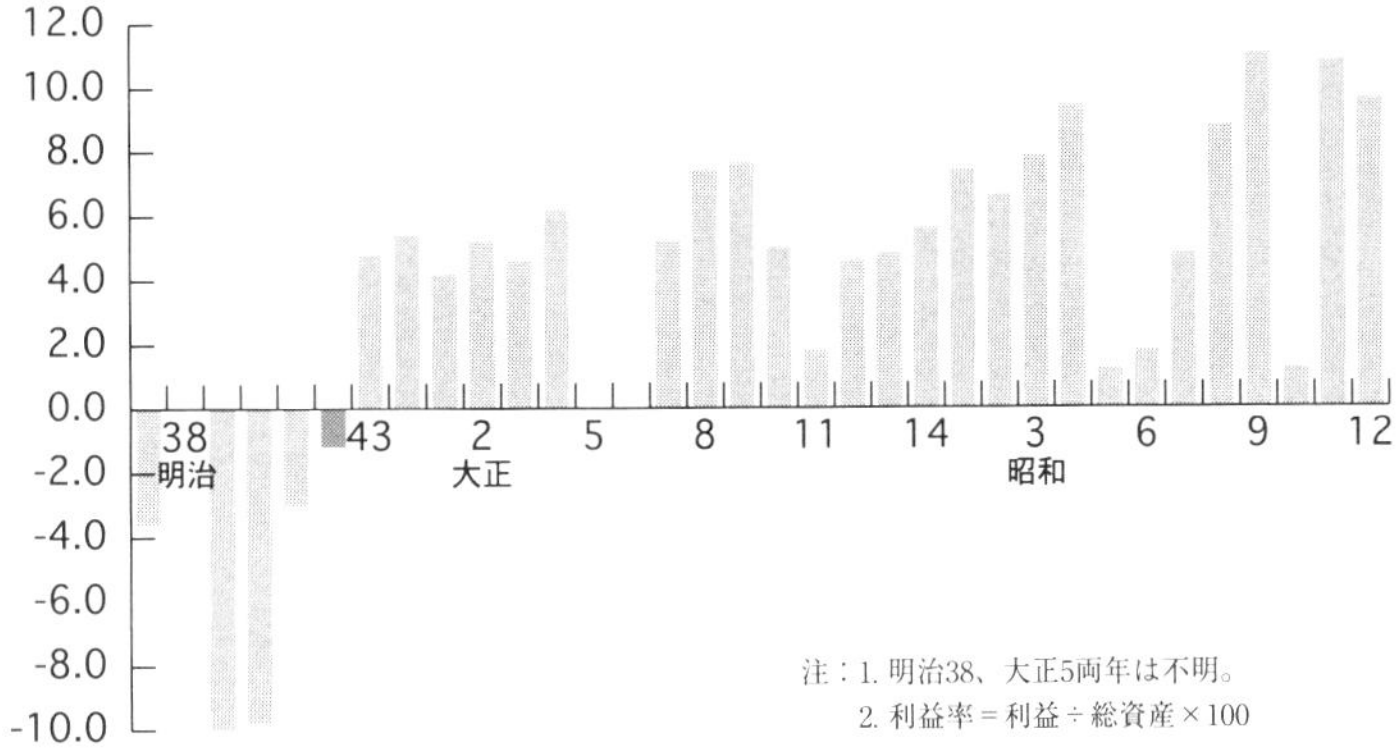

注：1. 明治38、大正5両年は不明。
2. 利益率＝利益÷総資産×100

出典：大森一宏「海外技術の導入と情報行動」。

れた市左衛門が「こんなものなっていない」と、けんもほろろにはねつけてしまったからです。村井の仲介で両人は和解しましたが、両者の衝突の余波が波及したのか、日本陶器と森村組名古屋支店の社員同士にも反目が目立ちはじめました。そこで、同じく村井の調整により、日本陶器と森村組の分業体制が決められました。日本陶器は生地の製造に専念し、森村組はその生地を買い取って画付けを施し販売することになったのです。

三、ノリタケ・ブランドの確立

日本初のディナーセットの完成

明治四十二（一九〇九）年に、東京高等工業学校を卒業した江副孫右衛門《えぞえまごえもん》が日本陶器に入社し、八寸皿製

和親が海外視察中に、ドイツ・カールスバットから孫兵衛に宛てた絵葉書。

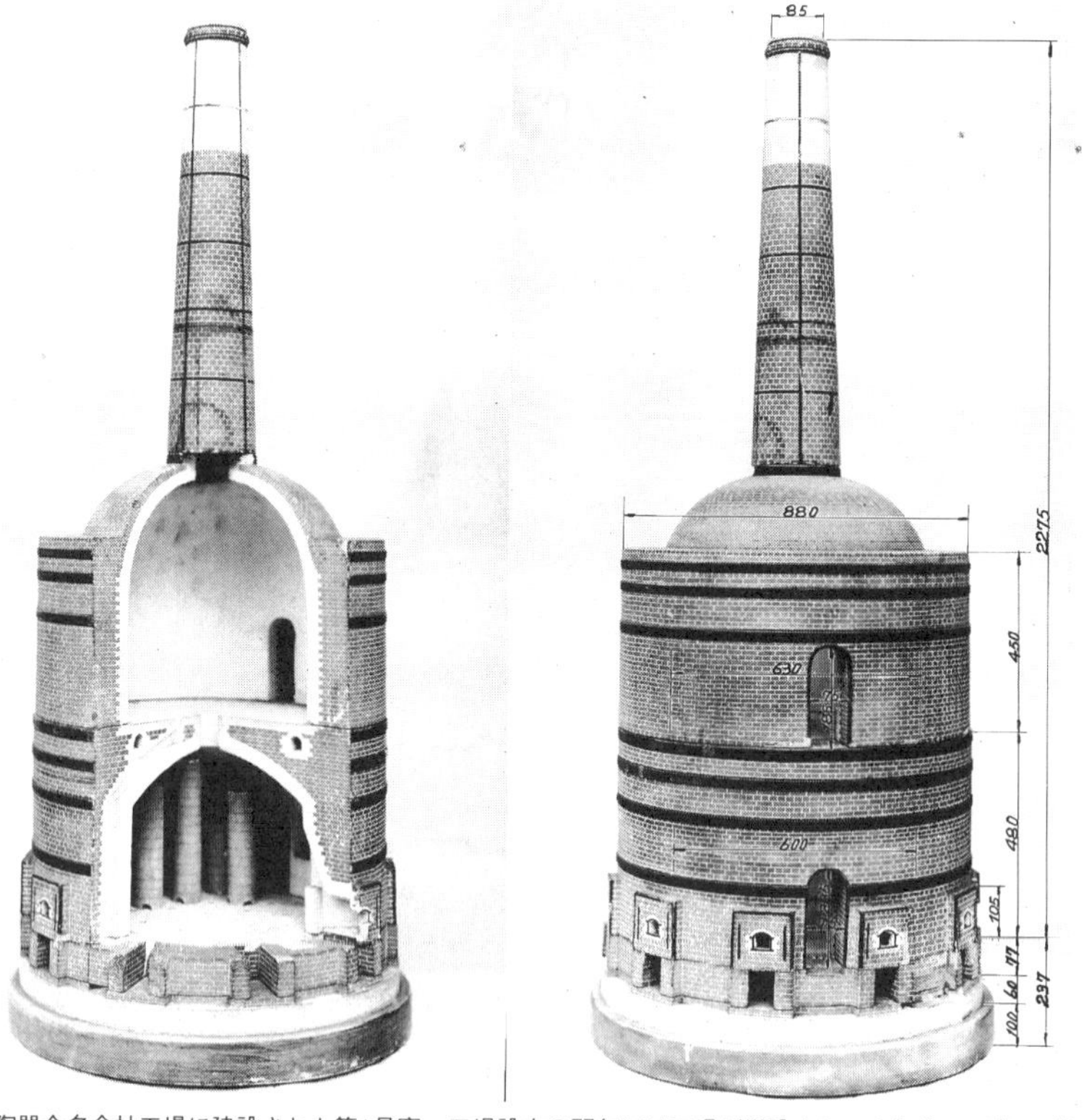

日本陶器合名会社工場に建設された第1号窯。工場設立の翌年には工場が増設され、２年後には窯は4基に増えた。

江副孫右衛門。日本初のディナー皿「セダン」の開発に心血を注いだ。

日本陶器合名会社の工場の一角に建てられた和親の家。大倉父子は、同社の設立、ひいては白地硬質磁器製造に、並々ならぬ情熱を傾けた。事実、日本陶器設立にあたって孫兵衛は、妻に、路頭に迷うかもしれない、とその苦悩を打ち明けてもいたという。

造の研究に加わりました。やがて江副と飛鳥井とが対立し、四十三年に飛鳥井が退社して別の製陶会社を設立したため、以後は江副が八寸皿研究の中心になりました。

八寸皿の完成は容易ではなかったので、江副はフランスの陶磁器産地のリモージュの生地の分析に取りかかりました。また、明治四十五年三月、和親が再び渡欧します。まず、日本の陶磁器の最大の輸出国アメリカを一カ月半にわたって視察した後に渡欧し、次いで同年七月、江副も流し込み工場の監督、山田吉次郎《きちじろう》とドイツに向かい、和親と合流してヴィクトリア工場で生地の製法を研究しました。同時に、ベルリンの粘土工業化学研究所にも訪れ、八寸皿の製造に関するアドバイスを受けました。

こうした研究とアドバイスを基に帰国後も研究を続け、ヒギンズ&サイダーのアドバイスを受けてから二十年を経た大正二（一九一三）年七月、念願の八寸皿

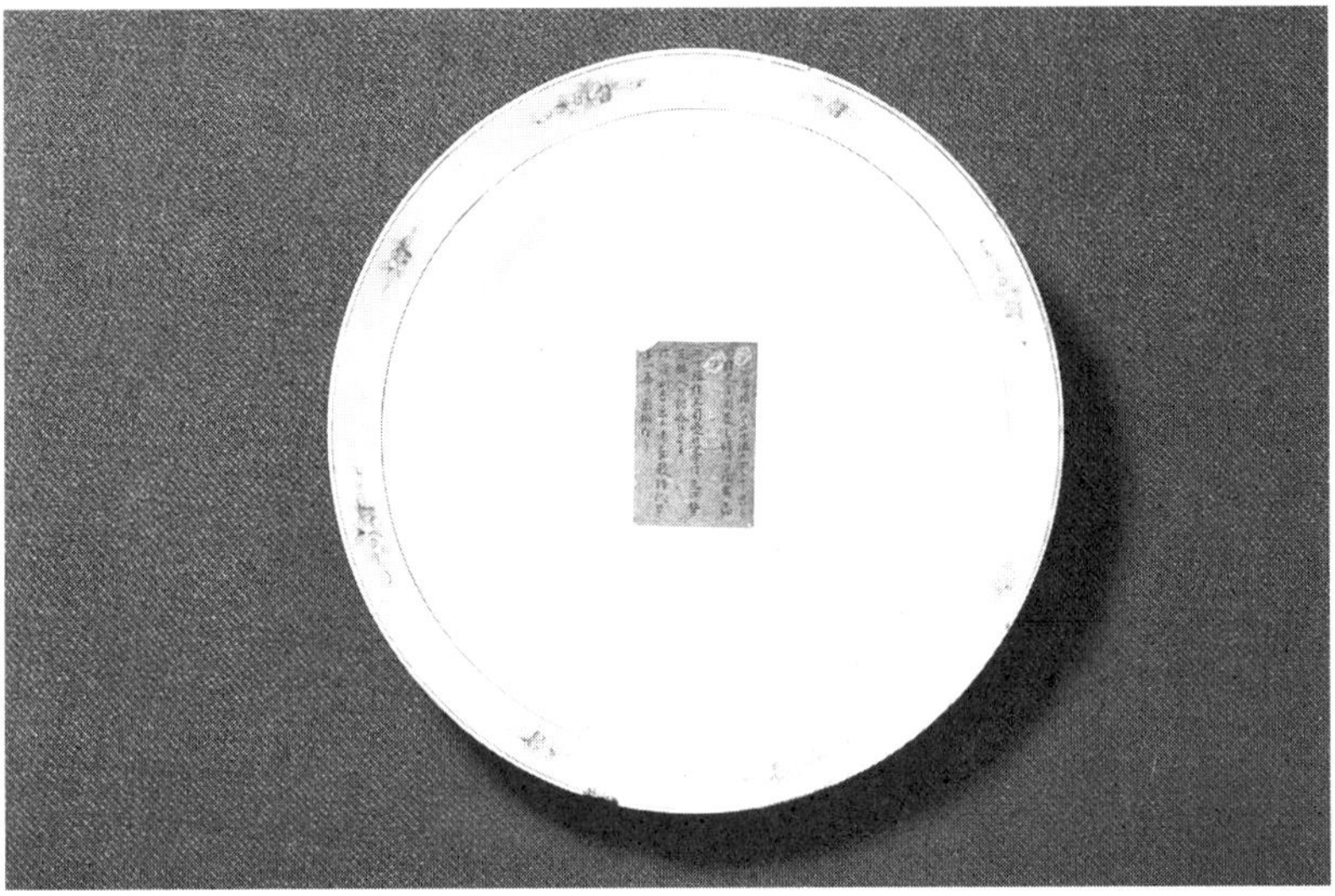

試行錯誤の末、大正3年完成した日本初のディナー皿「セダン」。この皿の完成により、ノリタケの名は文字通り「世界のノリタケ」となった。

ができあがり、その翌年六月、ついにディナーセットが完成したのです。

この日本最初のディナーセットの図柄は「セダン」と名付けられ、「ノリタケ・チャイナ」のブランド名で海外に輸出され、好評でした。なかでもアメリカでは、ヨーロッパ製品と同等以上の評価を受けています。そのため、日本の陶磁器輸出に占める日本陶器のシェアは、大正二年の二十五パーセントが同三年には一挙に四十五パーセントにまで上昇しています（図表4）。

海外からの大量注文

ディナーセットの輸出を完全に軌道に乗せたのが、第一次世界大戦を契機とする輸出ブームでした。ヨーロッパを主戦場とする大戦によってアメリカは好景気を謳歌し、日本からの陶磁器輸入も急増したのです。

図表4　日本の陶磁器輸出に占める日本陶器の比率

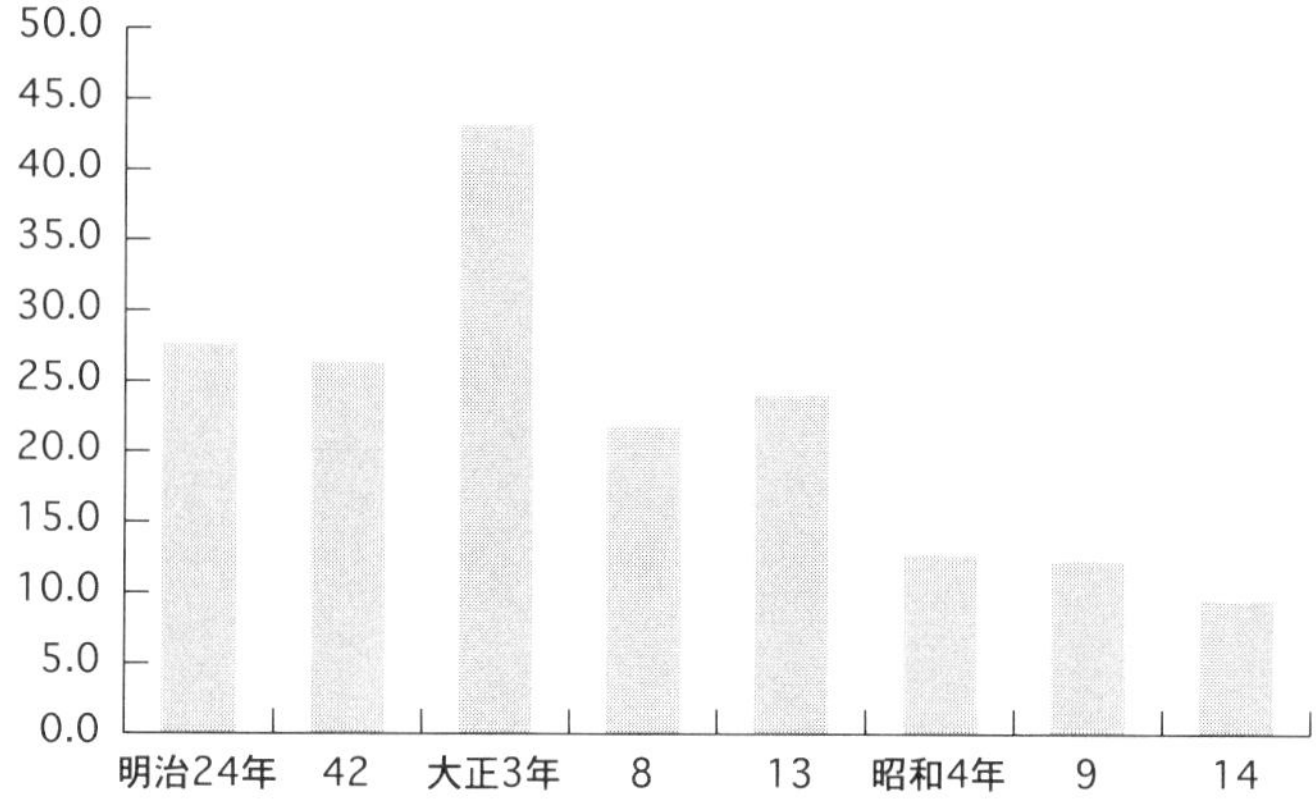

出典：『日本陶器七十年史』。

インポート・オーダーはもともとファンシーラインのみでしたが、大正時代のインポート・オーダーの内訳を見ると、ディナーセットが大正五（一九一四）年に登場し、しかも同年以降、その比率は急上昇しています。同十年には、ついにファンシーラインを超え全体の五十パーセントを上回るに至っています（図表5）。

この一因は、大正三年にニューヨーク州のラーキン*社から大量受注を得たことにありました。同社がそれまで取引していたドイツ製の白色磁器よりも品質や価格で有利な条件を提示し、大量受注を獲得したのです。一回当たりの注文は数万個に達しました。

ファンシーウェアの場合、同一品目の受注量は二〇〇組足らずで、一〇〇〇組の受注などごくまれでしたから、この受注がいかに大規模なものであったかがわかります。同社からの受注直後に、第一次大戦のためにドイツからアメリカへの陶磁器輸出は急減したので、日本陶器の対米輸出はさらに広がりました。同社

ラーキン社
アメリカの家庭向けカタログ販売会社。ノリタケは同社による大量発注で大成功を収め、これによりノリタケ、ひいては日本陶磁器業における大量生産の幕が開けた。また、このときノリタケは販売先をアメリカだけでなく、イギリス、ドイツなど欧州諸国、インド、中国などのアジア、南アフリカ諸国など世界中に広げ、同社および、森村組は世界の陶磁器界を席巻した。

森村商事株式会社
現在の森村商事とは別会社。

の利益率も上昇を続けました（前掲図表3）。

大正六年七月六日付の『台湾新聞』に、「某帰朝者談」と称するアメリカの最新事情を紹介する記事が掲載されています。このなかに「目下米国では商人仲間で日本品を目して、ネバーアゲイン（再び買うな）という流行語がある。唯森村組其他の手堅い商店からの品物は信用があって、見本だけで取引が出来るが一般の商品は現品を見ないと見本だけでは取引出来ぬと言っている」という一文があり、この当時のモリムラ・ブラザーズのアメリカにおける信用の高さを窺い知ることができます。こうした信用が対米輸出増加のベースとなっていたのです。

なお、輸出量・地域の拡大にともなって大正六年、アメリカ以外の輸出業務を担当する森村商事株式会社*が新設され、翌七年には森村組が株式会社に改められるとともに、持株会社となりました。

森村市左衛門と大倉孫兵衛の逝去

こうして創業期とは比べようもないほど飛躍的発展を遂げつつあった大正八（一九一九）年、森村組創設者の市左衛門が八十一歳で天寿をまっとうし、次男の開作が七代目市左衛門を襲名しました。

図表5　日本陶器のアメリカ向けインポート・オーダーの製品構成

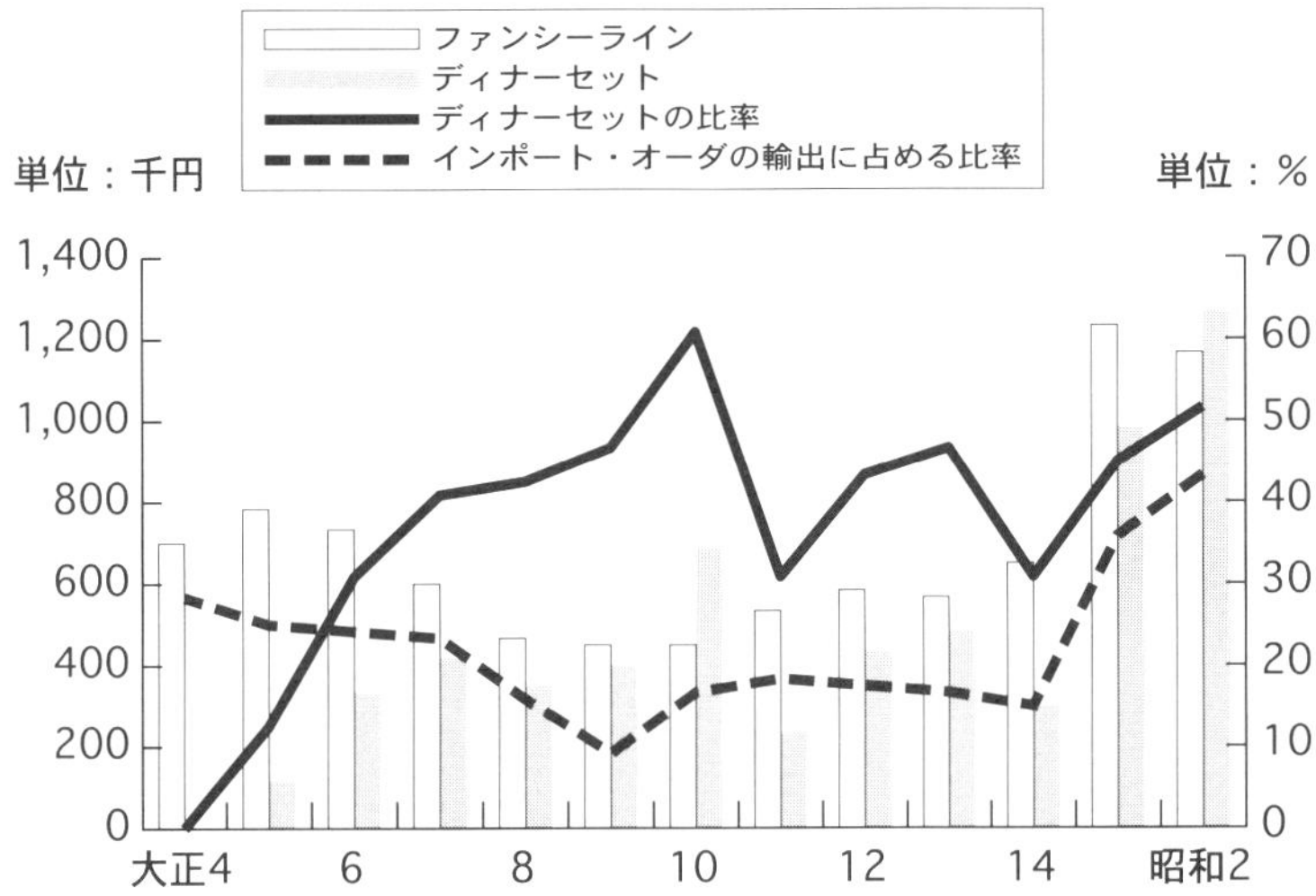

出典：『日本陶器七十年史』。

写真左は、昭和4年、ラーキン社が発行したカタログ。右は、ラーキン社から大量の注文を受けた品のひとつ、ディナー皿。ほかにコーヒーカップ＆ソーサーなど1回の注文は数万個に達した。

晩年の市左衛門。御用商人として財を成すも、役人の賄賂要求を嫌いその地位を捨てる。以後、国家のため、民のため貿易業にすべてをかけ、日本の陶業を世界に冠たるものとし、81年の生涯を閉じた。

晩年の市左衛門はキリスト教に帰依しています。三十歳を過ぎた頃から宗教に強い関心を持つようになり、心に余裕ができ「気長に事業の経営ができるようになった」と自ら語っています。ディナーセットがなかなかできず孫兵衛と衝突したことは前述しましたが、市左衛門がそのような苛立ちを見せたのは、きわめて異例ともいえます。度量の広さが宗教心によってさらに顕著になったようです。また、若い頃から抱いていた正直と熱心を最重視する傾向は、顧客の意向を尊重する姿勢に現れましたが、その点も、宗教心によって強められたようです。なお、晩年には相当の資産家となり、さらに大正四年には男爵が授与されるという栄誉に浴していますが、奢ることなく質素な生活を続けていました。宗教心の強さを物語るエピソードでしょう。

こうした市左衛門の経営姿勢は、実弟の豊、大倉孫兵衛・和親父子、村井保固などにも共通し、それが森村組や日本陶器の経営方針となり、必死の品質改良や海外情報の尊重、つまり顧客本位のビジネスにつながったと見てよいでしょう。市左衛門は「〔森村組の事業が今日のように発展したのは〕沢山の良友を得た結果に外ならない」と述べています。たしかに市左衛門の努力だけで、このような成功がもたらされたわけではなく、多くの協力者・後継者に支援されたことは事実ですが、市左衛門の前述のようなビジネスに対する信念が、同じ信念を持つ「良友」を磁力のように招き寄せ、市左衛門の大志実現への惜しみない協力を引き出したといえるのかもしれません。

左から大倉孫兵衛、村井保固、和親、飛鳥井孝太郎。孫兵衛は、ビジネス哲学として「良きが上にも良き物を」という良質な品作りを信念とした。この「良品主義」は、現在もグループ各社に息づく。

さらに大正十年には、孫兵衛も七十八歳の生涯を閉じました。しかし、森村組ないしモリムラ・ブラザーズは、市左衛門・孫兵衛亡き後も、相変わらず日本陶器の海外の窓口として、欧米における顧客の嗜好や市場の流行に関する情報を提供し続け、国内の作業現場では、そうした要請に応えるために心血を注ぎました。次に見るアール・ヌーヴォー様式からアール・デコ様式への転換の経緯は、その点を如実に物語っています。

中央手前、森村市左衛門、後列左から大倉孫兵衛、村井、飛鳥井、大倉和親。日本陶器合名会社工場の窯の起工式の際に撮影された1枚。

言いたいことは単刀直入に言う主義の市左衛門（右から3人目）に対し、豊（同2人目）も負けてはいなかった。そのため、双方の意見がぶつかり、収集がつかないことも多かったという。まさにお互いが信頼していたからこその関係だった。

大正4年、大倉和親が出席した米国陶磁器協会の会合の様子。

明治40年当時のモリムラ・ブラザーズ。明治32年以降は、村井が支配人を務めた。また、この頃には森村組全社員の数は350名を超えていた。

通称「モリムラドール」といわれるビスクドール（頭が磁器製の人形）。陶磁器と同様に、コレクターがいる。

森村組は金融業も手掛けた。写真は森村銀行本店（昭和4年三菱銀行と合併）。

米国人女性キャロフィンと結婚し、アメリカ社会に溶け込んだ村井。部下からの信頼も厚く、死後、墓前には社員からの献花が絶えなかった。

第四章　森村グループの形成

一、新事業の展開

アール・ヌーヴォーからアール・デコへ

ラスター彩によるノリタケ・アール・デコの代表的な作品。ラスター彩とは、銀や銅などの酸化物で焼成し、金属的な輝きを生む工法。

　ディナーセットの売れ行きが好調とはいえ、ファンシーウェアの役割は相変わらず重要でした。ファンシーウェアは芸術性が豊かであり、それゆえ、独自のブランド・イメージを打ち出すことがディナーセットよりも容易だからです。販売額を見ても、インポート・オーダーの場合、前述のように大正十（一九二一）年にディナーセットがファンシーラインを一時的に超えますが、その後は再びファンシーラインが多くなり、しかも大正末期には急増しています。すなわち、日本

紫のラスター彩で仕上げられた野鳥が印象的な製品。大正9〜昭和5年。

ノリタケのアール・デコ様式は鮮明な色彩とラスター彩が特徴だった。

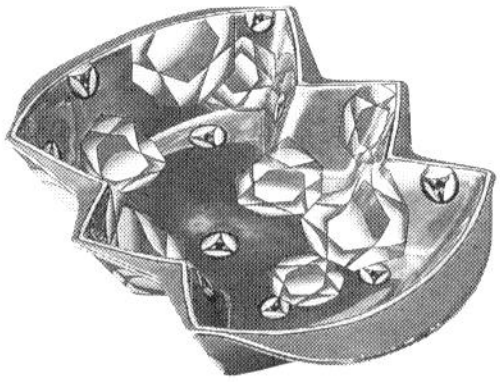

アール・デコの特徴のひとつ、幾何学模様がデザインされている。

陶器の陶磁器輸出に占めるインポート・オーダーの比重は、ディナーセットのインポート・オーダーが増加したことも加わり、大正十四年に十パーセント台から一挙に三十パーセント台に跳ね上がりました（前掲図表5）。

大正末期のファンシーラインの増加は、アール・デコ様式への転換が功を奏したものです。そもそもファンシーウェアの場合、流行の変化が比較的顕著に現れるのですが、第一次大戦後の一九二〇年代、三〇年代は、アール・ヌーヴォーの装飾性が姿を消し、アール・デコ様式が隆盛になった時代として知られています。

アール・ヌーヴォーは、植物などを思わせる優美な曲線を使用した、繊細かつ装飾的な点に特徴がありましたが、アール・デコの装飾美術としての最大の特徴は、幾何学的な直線や立体の構成にあります。陶磁器でもその影響を受け、モリムラ・ブラザーズは、この

ディナー皿の開発がおこなわれた大正初期の製陶研究所。日本初の世界ブランド、「ノリタケ・チャイナ」はここから生まれた。

流行をいち早くキャッチしたのです。

当時、モリムラ・ブラザーズの販売部長であったチャールズ・カイザーは、大正八年にイギリスのデザイナーのシリル・リーを雇い入れ、彼をデザイン・スタッフのチーフとして独自のアール・デコ様式の作品を作らせました。同時にカイザーは毎年のように来日し、アール・デコ様式の商品の製造を指導しています。リーは約十年間で八〇〇点以上のデザインを創作しました。こうして生まれたノリタケのアール・デコ商品の特徴は、明るい色彩、奇抜で大胆かつ幻想的な表現などにあり、主にファンシーウェアとして生産されました。これらの製品の種類、器形、図案は多岐にわたっており、現在でも海外に多くのコレクターがいます。アール・ヌーヴォーに挑戦したときと同じく、アール・デコの場合にも、十分に吟味したうえでアレンジが施され、欧米製品とは異なる独自の製品を作り出したことが人気の理由でしょう。

アール・デコ時代において独自の製品を次々と生み出したチャールズ・カイザー（中央）。昭和6年本社工場にて。

大量生産時代の到来——一九二〇年代のアメリカ

アメリカでアール・デコが隆盛となった時代背景にも触れておく必要があるでしょう。第一次大戦以降における大衆消費者社会への形成、すなわち、消費需要の主役が富裕階級や中産階級から大衆に移ったことです。ヨーロッパとは異なり、第一次大戦の戦場となることを免れたアメリカでは、一九一〇年代から二〇年代にかけて、空前の繁栄を謳歌し都市化が加速されました（図表6）。所得水準が不断に上昇するとともに大量生産システムが確立し、安価な工業製品が大量に製造・販売され、〈モダン〉という生活スタイルが大衆の間に広まったのです。

いくつかの指標を見ましょう。まずフォード*が流れ作業による大量生産方式を生み出すと、それまで富裕層の奢侈品であった自動車が、安価かつ大量に販売さ

図表6　アメリカの都市化率と自動車等の世帯普及率　（単位：%）

	1900年	1910年	1920年	1930年	1940年	1950年
都市化率	40	46	51	56	57	64
自動車			33	77		
電灯	3	15	35	79	94	94
屋内水洗便所	15		20	51	60	71
セントラル・ヒーティング		1		42	50	
冷蔵庫		18	48	48	72	91

出典：秋元英一『アメリカ経済の歴史』、常松洋『大衆消費社会の登場』。

れるようになり、大衆にまで普及しました。一九二〇年の自動車の所有世帯の割合は四十パーセント以下でしたが、二九年には八十パーセント近くに達しています。イギリスやイタリアで普及率が五十パーセントに達したのは、なんと一九七〇年代でした。自動車の普及は都市郊外を拡大させ、都市型の消費生活の普及を促しました。また、二〇年の電灯の普及率は都市部で四十七パーセント、農村部で二パーセントでしたが、三〇年にはそれぞれ八十五パーセント、十パーセントに上昇しました。電気冷蔵庫やセントラル・ヒーティングも一般家庭に普及し始め、さらに分割払いのクレジットが登場し、大衆の購買意欲を高揚させています。一方、ラジオ放送、映画、レコードといったマス・メディアも発達します。こうして〈アメリカ的生活様式〉が大衆の間に形成され、富裕層や中産階級を中心とするヨーロッパの生活スタイルへの憧れが後景に退いたのです。

アメリカン・デコの誕生

大衆消費社会の誕生に並行して、エンパイアステート・ビル*のような直線的・鋭角的な高層ビルが次々に建設されたニューヨークは〈アール・デコ・ニューヨーク〉と化しました。デザインの世界でも陽気なアメリカン・ポップ・アートが生まれる一方、明るい電気照明に映える派手な原色、機能的、幾何学的、そして無機質なデザインを売り物にするガラス製品や食器が大量生産されました。アメリカン・デコが誕生したのです。

こうしたなかで陶磁器の世界でも、淡い色彩、装飾性の強い有機的な曲線を特徴としたアール・ヌーヴォーが廃れ、アール・デコ様式が隆盛となるのは当然の成り行きでした。一例をあげると、一九三〇年代に大流行したホーマー・ローリン・チャイナ社の陶磁器「フィエスタ」は、オレンジ、グリーン、ダーク・ブルー、ライト・ブルー、イエロー、アイヴォリーの六色に塗り分けられた食器ですが、デパートを中心に多いときは一日に三万ダースも販売されました。六脚セットが二十ドルという手頃な価格でした。同社は、フィエスタの姉妹版「ハーレークイン」というさらに値段の安いシリーズも売り出し、成功を収めています。

陶磁器の歴史を大まかにまとめると、十九世紀半ば頃までの時代においては、王室や貴族の愛顧を受けた陶磁器は美術品といってよく、したがって、美術品にふさわしい精巧な絵柄が必要でした。しかし、産業革命を契機に中産階級が成長した時代には、貴族趣味に憧れる中産階級の求めに応じて陶磁器が大量生産され始めたため、美術品ではな

フォード
一九〇三年、ヘンリー・フォード（一八六三～一九四七年）が創業。米国にある世界最大規模の自動車メーカー。ベルトコンベアによる流れ作業方式を取り入れ、大量生産方式の礎を築いたことでも有名。

エンパイアステート・ビル
ニューヨーク・マンハッタンにある地上三八一メートルの高層ビル。一九三〇年竣工。

大倉孫兵衛・和親が資金を投じて設立した製陶研究所。当時、ディナー皿もまだ完成しておらず、さらに大きな衛生陶器の製造・開発には、さらなる困難を伴った。

く工芸品としての装飾・デザインが必要となりました。これがアール・ヌーヴォー様式です。さらに近代化が進み、大衆の生活水準が向上するようになると、彼らの需要を満たすために陶磁器の大量生産がいっそう進み安価になったので、装飾的な陶磁器と実用的な陶磁器との境があいまいになってきます。これに応じて装飾様式もアール・デコに転換し、最も早く大衆社会に移行したアメリカでは、とくに大衆的な〈アメリカン・デコ〉が生み出されました。

森村組は、以上のような時代の変化をいち早く読み取ろうと、絶えず市場を注視しながら、独自の絵柄・装飾を追求していったのです。

東洋陶器の設立

この時期には、次々と陶磁器関連の新事業が立ち上がり、現在の森村グループの基礎が作り上げられまし

ディナー皿が完成した同じ年の大正3年、衛生陶器の開発に成功。和親の決断は早く、欧州に渡り製陶機械を調達するとともに、小倉において工場の建設を進めた。

た。第一次大戦を契機とする生活スタイルの変化は、アメリカばかりでなく日本でも生じており、森村組や日本陶器の事業の多角化は、そうした変化と深く関わっていたのです。

まず「衛生陶器」の分野で大正六（一九一七）年に東洋陶器（現、TOTO）が設立されました。それまで愛知県の瀬戸・常滑、滋賀県の信楽、福岡県の赤坂などで和風の非水洗式便器や手水鉢が製造されていましたが、衛生陶器と呼ばれる硬質で西洋スタイルの便器や洗面台は、アメリカ、イギリスなどから輸入されていました。孫兵衛と和親は明治四十五（一九一二）年、日本陶器の一角に研究所を設け、衛生陶器の開発に取り組み始めました。大正三（一九一四）年には試作品の水洗式便器や洗面器を試験販売するようになりました。

試験販売が好調であったため、自信を深めた和親は大正六年、小倉郊外（現、北九州市小倉北区）に衛生

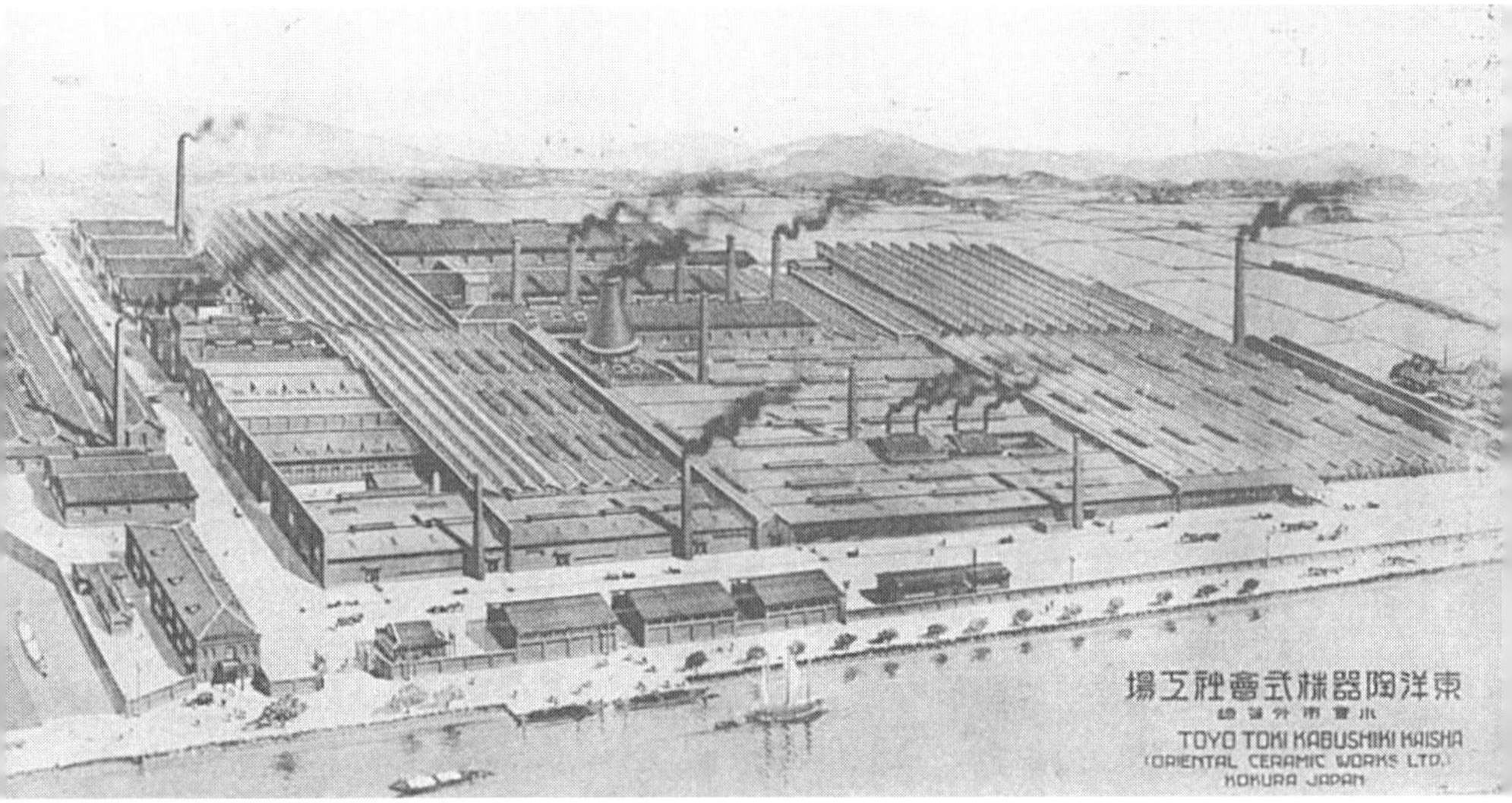

東洋陶器工場の全景。石炭や原料が豊富に揃い、門司港を控えた小倉が、工場建設には最適と判断された。大正6年に工場建設が完了し、以後、生産量は拡大していった。

TOTO

創立90周年にあたる平成19年より
社名はTOTO株式会社に変更された。

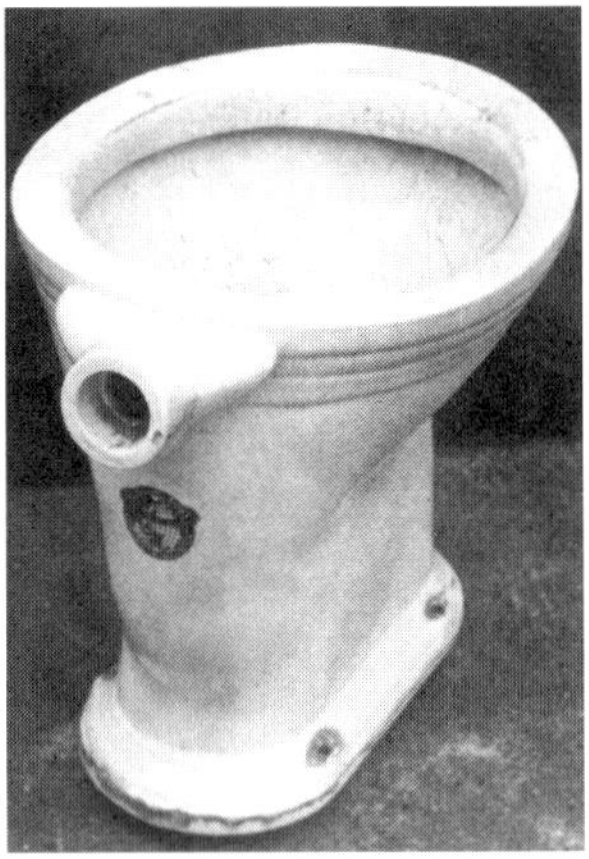

写真は大阪で試販された衛生陶器。鉄道や病院、学校など各方面から注文が相次いだ。

本邦陶業革新ノ為メ曩ニ本社ヲ
名古屋ニ創立セシ以来拾有三年
製品ノ面目頓ニ革リ斯界ニ貢献
セシ事尠カラズト雖尚孜々トシテ研究
ヲ重ネ製造ノ改良進歩ヲ計ランガ
為メ茲ニ小倉工場ヲ設立シ以テ永遠ニ
素志ヲ貫徹セントス
誓フ至誠事ニ當リ欧州斯界ノ
製品ヲ凌駕シ世界ノ需要ニ應ジ
益々貿易ヲ隆盛ナラシメン事ヲ期ス

大正六年一月一日
日本陶器合名會社
社員総代
大倉和親

和親の筆によって書かれた小倉工場建設の宣誓文。「欧州の製品を凌駕し～貿易を隆盛たらしめ～」と期待した和親の願いは、いま現実のものとなっている。

大正初期の碍子試験室の様子。

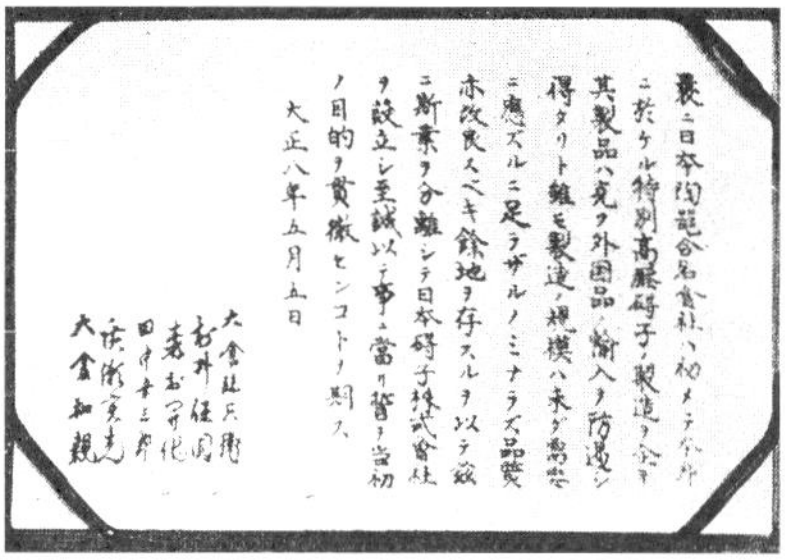

曩ニ日本陶器合名会社ハ初メテ本邦ニ於ケル特別高壓碍子ノ製造ヲ企テ其製品ハ克ク外国品ノ輸入ヲ防遏シ得タリト雖モ製造ノ規模ハ未ダ需要ニ應ズルニ足ラザルノミナラズ品質亦改良スベキ餘地ヲ存スルヲ以テ玆ニ斯業ヲ分離シテ日本碍子株式会社ヲ設立シ至誠以テ事ニ當リ誓ッテ当初ノ目的ヲ貫徹センコトヲ期ス

大正八年五月五日

大倉孫兵衛

大倉和親

日本碍子株式会社創立の宣誓文。

完成した碍子。大正初期の工場の様子。

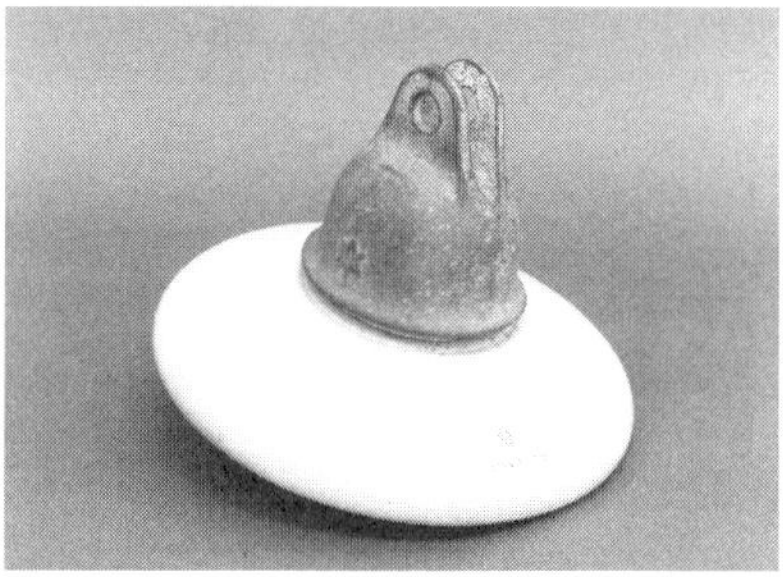

特別高圧碍子は日本工業の基幹を担う重要な製品。

陶器製造工場を竣工させるとともに、東洋陶器株式会社（社長大倉和親）を設立しました。小倉が選ばれたのは、国内販売だけでなく中国や東南アジア向け輸出も企図されていたからです。アメリカでは、屋内水洗トイレを持つ住宅の比率は一九二〇年に二十パーセントであったのが、三〇年には五十一パーセント（都市部では八十五パーセント）と（前掲図表6）、この時期の普及は急速でしたが、欧米のライバルの手が届きにくく将来性のある日本やアジア市場に期待をかけたのでしょう。

実際、第一次大戦下の好景気により、日本の生活スタイルの洋風化が推し進められるに伴い、鉄道の各駅や列車、造船所、病院、学校、陸海軍などで需要は増加していきました。さらに大正十二年の関東大震災以後、都市の近代化が一段と進み、ビルや下水道の建設が相次ぎます。そうしたなかで衛生陶器は慢性的な品不足状態が続くほどでした。その後も同社は、この分野のトップ企業として順調に成長を続けています。なお、昭和四十五（一九七〇）年、社名を東陶機器に改称、さらに平成十九（二〇〇七）年、現在のＴＯＴＯに改めています。

日本碍子、日本特殊陶業ならびに伊奈製陶の設立

大正八（一九一九）年には、日本碍子（現、日本ガイシ）、美術陶器製造の大倉陶園、同十年に建築用タイルの伊奈製陶所（現、ＩＮＡＸ）がそれぞれ設立されています。

碍子の製造は、もともと日本陶器設立の翌明治三十八（一九〇五）年、芝浦製作所（現、東芝）から打診されたのが契機となっています。国内の碍子は明治はじめから佐賀県の有田などで製造され、その後、瀬戸、

碍子生産について社内には時期尚早との意見が多かったが、大倉父子は碍子国産化の必要性を感じ「営利ではなく、国家への奉仕として取り組みたい」と提言。これを受け、碍子生産が決定し、大正8年に日本碍子（現、日本ガイシ）が設立された。写真は（上）創業当時の工場、（左上）名古屋市瑞穂区にある現在の本社。

NGK 日本ガイシ

NGK スパークプラグ　NTK ニューセラミック
日本特殊陶業

「事業の成功と発展のためには、それぞれの事業に専念することが必要」という大倉和親の「一業一社」の精神により、昭和11年、日本碍子から点火栓部門、および耐酸モルタル、ろ過器部門が分離する形で、日本特殊陶業が誕生した。本社を名古屋市瑞穂区（写真上）に構え、スパークプラグなど世界トップシェアを誇る製品を多数有する。（写真右）昭和初期に製造されたNGKスパークプラグ。

京都などでも製造されるようになりましたが、すべて低圧用碍子でした。明治三十年代に高圧送電が開始されたものの、必要な特別高圧碍子は輸入に依存せざるを得ませんでした。そこで芝浦製作所が日本陶器に打診したというわけです。日本陶器では早速、試作研究を開始しました。芝浦製作所の指導を受けながら、明治四十年に十五キロボルト用高圧碍子の製造に成功しました。翌四十一年から、同製作所に恒常的に碍子を供給する契約を結び、その後、利益率の高い碍子の販売が増えたため、さらなる供給拡大と技術の発展を期して碍子部門を分離独立し、日本碍子を設立したのです。

また、昭和十一（一九三六）年、日本碍子の一事業部だったスパークプラグ（点火栓）部門が分離独立する形で、日本特殊陶業が設立されています。初代社長には、大倉和親にスパークプラグの国産化を提言した江副孫右衛門が就任し、現在では世界トップシェアを

大倉陶園

大倉陶園は大倉父子が私財を投じて設立された。孫兵衛は設立にあたり「…イギリスのボーンチャイナ（骨粉焼）、フランスのセーブル、イタリアのジノリー以上の物を作り出し…」と記している。

占めるメーカーに成長しています。

知多半島の常滑《とこなめ》の伊奈家は、江戸時代から陶業を営んでいました。明治十三年に家業を継いだ初之烝《はつのじょう》は、孫兵衛と取引を通じて親密な関係にありました。初之烝の長男長太郎（後、長三郎）は、東京高等工業学校窯業科に進学し、明治四十五年に同校を卒業すると家業を継ぎました。長太郎は「伊奈式土管機」を発明するとともに、コンクリートの壁面に貼り付ける「化粧煉瓦」を作るようになりました。

長太郎は個人経営の伊奈製陶所を発展させるため、和親の資金援助を受けることにしました。和親の勧めで大正八年に渡米し、アメリカの陶業を視察するとともに、最高級のプレス式土管製造機械一式を購入しています。そして同十年、和親その他の出資を元に「匿名組合伊奈製陶所」を発足させました。同十二年の関東大震災以後は鉄筋コンクリートのビルが次々に建設され始め、建築用タイルの需要は増大しつつあったの

政府の要請により、大正14年に開かれたパリ装飾美術工芸博覧会に出品。雲鶴のレリーフが施された電気スタンド。製作に丸1年が費やされている。

（右上）初代支配人を務めた日野厚のデザインによる大皿。（右下）大正11年に発表された大倉陶園最初の製品。孫兵衛は、前年に逝去したため、これを目にすることはなかった。

で、さらに経営規模を拡大するため、同十三年に「匿名組合」を株式会社に発展させています。

なお、ＩＮＡＸは平成十三（二〇〇一）年にトステムと統合し、森村グループから外れています。

大倉陶園の設立

大倉陶園の設立は、孫兵衛が「英仏独一流の高級美術的製品工場に比肩すべき工場」の建設を構想したことに端を発しています。それまで美術陶磁器の製作は概ね個人作家の手に委ねられていましたが、これを組織的に製作しようというのが、その意図でした。第一次大戦期の好況のなかで計画が具体化し、大正六（一九一七）年に東京郊外の蒲田で土地を購入し、神奈川工業学校の教師を務めていた工業図案専門家の日野厚《あつし》に、工場の設計を委ねました。日野はその後、大倉陶園の支配人となるほか、東京高等工業学校の工芸図案

大倉陶園の製品はパリ万博をはじめ、フィラデルフィア万博などでも受賞している。写真は、明治22年、パリ万国博覧会の際に建設されたエッフェル塔。

の教師も兼務することになります。しかし、硬質磁器の高級洋食器の製造は困難であり、製品を出荷したのは大倉孫兵衛の死後の大正十一年で、同十三年から三越と取引を開始して、市販を始めました。

大倉陶園の設立は、「鑑賞本位」ではなく「実生活に即する高級品として美術的価値の高い」陶磁器の製作を目指していました。すなわち、鑑賞価値の高い高級洋食器を製造・販売し、森村グループのブランド・イメージの向上を企図した点で、日本陶器とは経営路線が異なっていたのです。そもそも森村市太郎は、明治十四年に上野で開かれた第二回内国勧業博覧会に自らの名で二点の陶磁器を出品しており、また、前述のように森村組専属の画付工場の陶工たちも勧業博覧会などにしばしば出品して高い評価を得ていました。これに対して、日本陶器も海外の博覧会に出品していなかったわけではありませんが、出品にあまり積極的ではなく、受賞することもなかったようです。

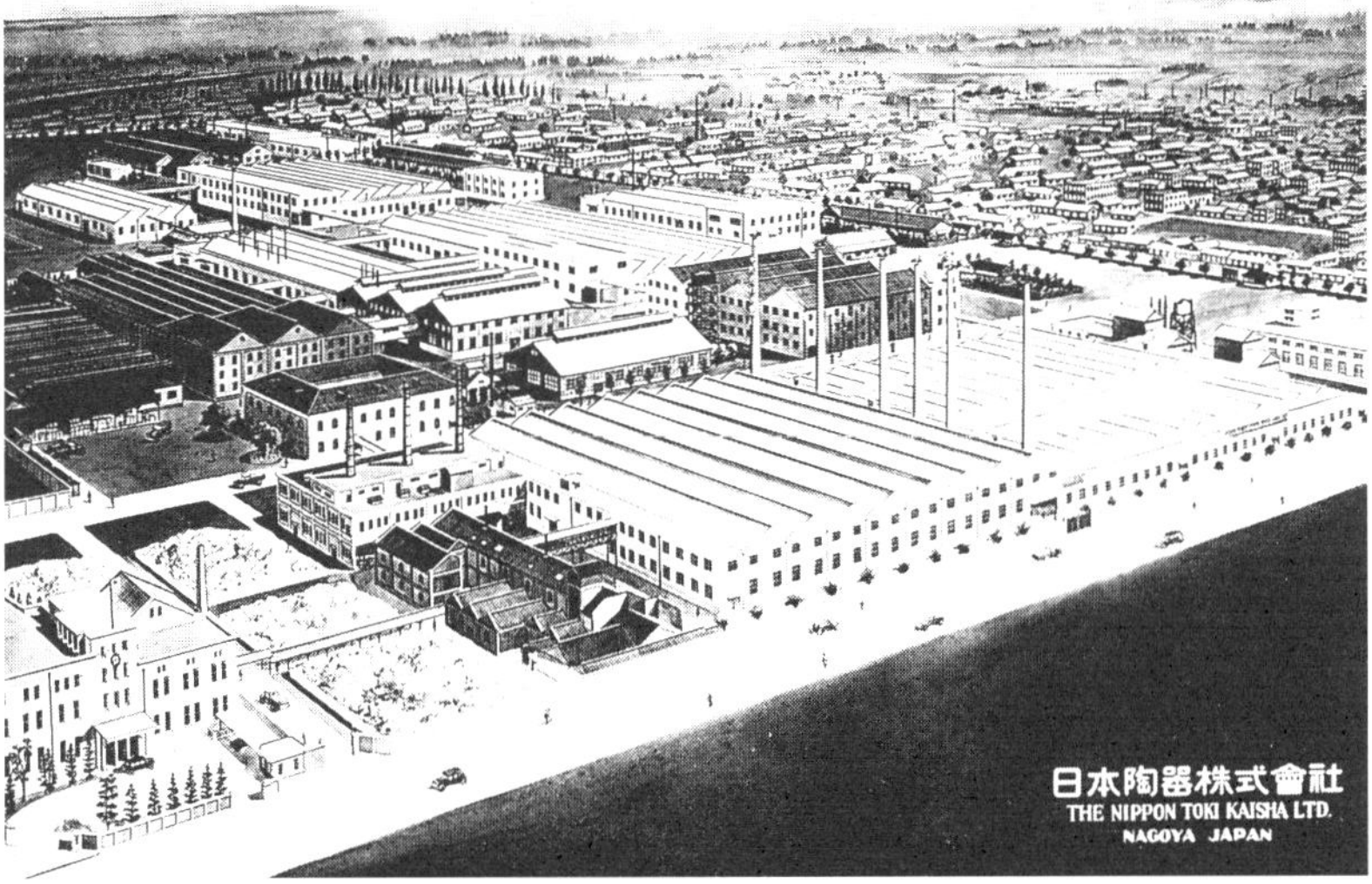

近代化のため大改造が図られた日本陶器工場（昭和14年頃）。原料の粉砕から製品の包装まで全行程が流れ作業でできる、世界でも珍しい革新的なシステムが構築された。

一方、大倉陶園は、各種展覧会や博覧会への出品、あるいは展示会などを通じて、ブランドを向上させることに大いに力を注いでいます。十九世紀半ばにフランス皇帝ナポレオン三世は、万国博覧会をたびたび開催し、優秀作品に賞を授けることによって、ルイ・ヴィトンやエルメスといった自国ブランドを世界的ブランドにまで飛躍させました。この歴史的事実からわかるように、博覧会での受賞は、十九世紀後半以降、一流ブランドになるための重要な条件となっていました。大倉陶園も、そうした方法を踏襲しようとしたのでしょう。大倉陶園は、国内では農商務省（大正十四年より商工省）工芸展覧会や商工省輸出工芸展、海外ではシカゴ万博（昭和八〜九年）、パリ万博（昭和十二年）などに出品して、数々の受賞を果たしています。

また、市販を開始したとはいえ、大倉陶園の販売先は、皇族、華族、財閥華族などの富裕層が中心で、皇室や三井家・三菱家などが特別注文を続けていまし

アメリカをはじめ、ヨーロッパ、南米、東南アジアなど海外販売網が拡大するに伴い、事務処理の量も増大した。事務処理の効率化が求められ、日本陶器は、日本ではじめてIBM計算機を導入した。

た。こうした富裕層との結びつきは、前述のウェッジウッドの先例を持ち出すまでもなく、ブランドのオーラをいっそう輝かせるのに効果的だったはずです。

日本陶器の合理化と近代化

以上のような事業の多角化と並行して合理化・近代化が進められたことも指摘しておかねばなりません。第一次大戦終了後、日本経済は一転して不況に陥ったからです。とりわけ昭和四（一九二九）年秋のニューヨークにおける株式大暴落に端を発する世界大不況は、アメリカへの輸出に大きく依存していた森村組と日本陶器に打撃を与えました。そこで、情勢の変化に従来以上に敏感に対応するため、アメリカ以外の販売を担当する森村商事と生産部門の日本陶器を、昭和三年に合併させました。そして日本陶器はアメリカ以外での海外事業を展開するとともに、日本で初のＩＢＭ

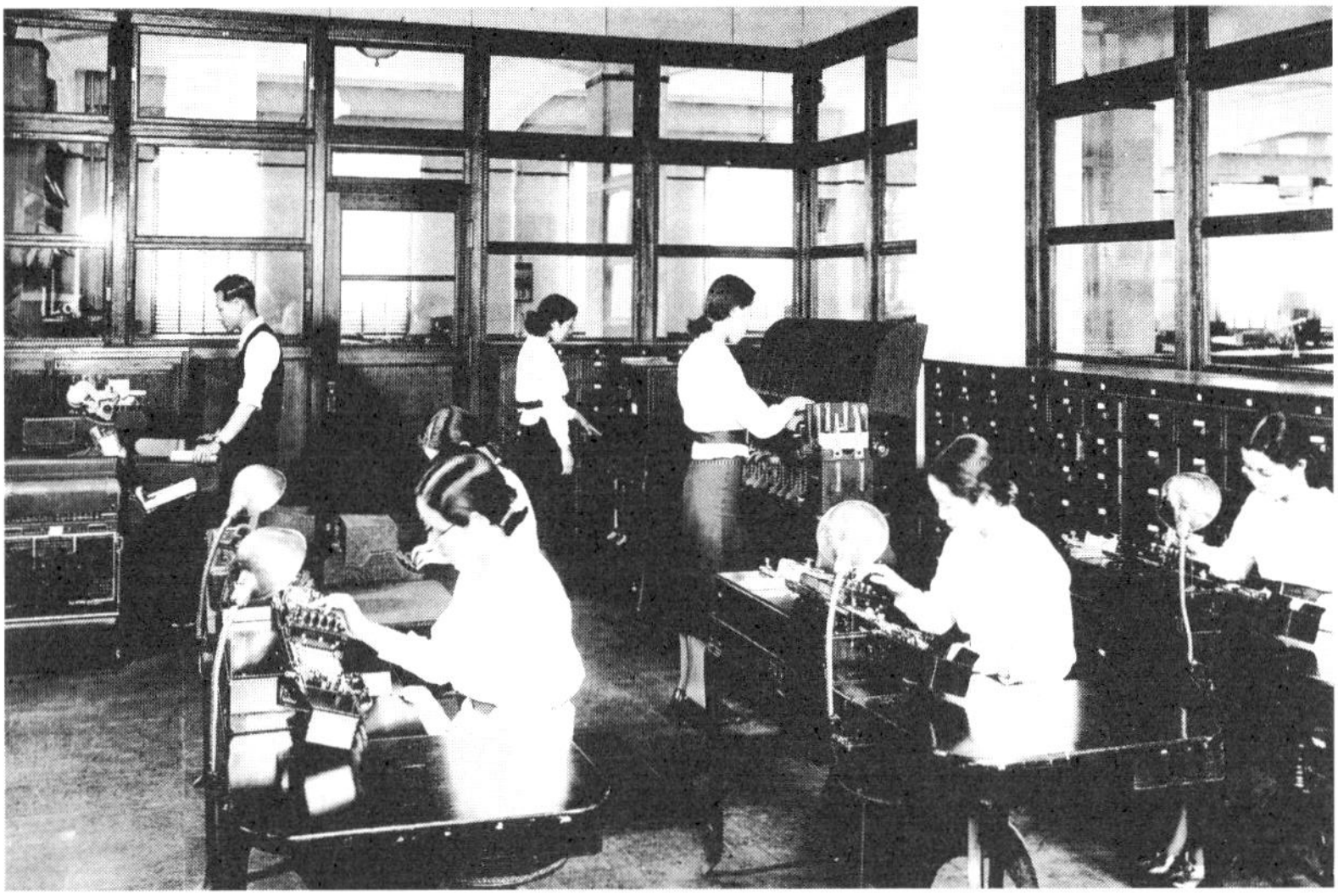

IBM計算機が導入されるまでは、100名を超えるそろばん係が事務処理にあたったが、それでも間に合わなかった。同機導入により、事務処理は3倍以上の効率になった。

計算機の導入、科学的管理法の導入、生産設備の合理化など、経営の合理化・近代化を推し進めたのです。

ＩＢＭ計算機の導入は、大正十二年の秋、日本陶器の製造担当重役だった加藤理三郎が、アメリカからの膨大な受注の事務処理を機械により合理化するために、ニューヨークのモリムラ・ブラザーズへ相談に訪れたのが端緒でした。激増したアメリカからの受注をさばくために生産を増強していましたが、事務処理が受注のペースに追いつかず、大きなネックとなっていたのです。モリムラ・ブラザーズでは、加藤を助けるために二名の社員を担当させました。その一人が、後に日本ＩＢＭの事実上の創立者となる水品浩でした。彼らは折から開かれていたビジネス・ショーで、最新鋭のカード式計算機の能力に驚嘆し、採用を決定しました。

科学的管理法の導入は、すでに明治末から研究を進めていましたが、昭和四年には、テーラー協会日本支

同社のシンボルとして名古屋の空にのびる「6本煙突」。現在はその一部がノリタケの森に残る。

大正6年頃の同社工場。

ノリタケの森の森村・大倉記念館「CANVAS」。

「クラフトセンター」内での実演風景。

「ノリタケの森」内にある直営店「パレット」。

ノリタケ 社章の変遷

丸木の社章（昭和16～32年）

困難の「困」がデザインされた社章。森村組創業間もなく考案され、輸出用の木箱の焼き印や作業服などに用いられた。さまざまな困難に直面しようとも、突き破らなければ（克服しなければ）ならないという思いが込められ、中央「木」の先端が矢尻の形になっている。また、すべてが円満になるようにと、くにがまえが丸くデザインされてもいる。第2次世界大戦中は、ボーンチャイナで作られたこともあった。

丸Nの社章（昭和32～平成14年）

創業者・森村家の家紋「下がり藤」をモチーフにデザインされた社章。下がり藤が上り藤となり、藤が、月桂樹になっている。また、当初、中央には森村組の頭文字「M」が入れられていたが、昭和28年から日本陶器の「N」になるなど、少しずつ変化していった。昭和32年から左写真のようなデザインに落ち着き、社章として用いられた。

ノリタケグループ社章（平成14年～）

ノリタケグループの社章として、平成14年に制定されたもの。前年の13年に、創立100周年の記念事業の一環として、ノリタケ本社の敷地内に「ノリタケの森」が建設され、そのロゴマークと、従来からのノリタケのロゴマークが融合し、この社章がデザインされた。ノリタケグループが目指す、環境に優しい企業像がテーマとなりデザインされている。

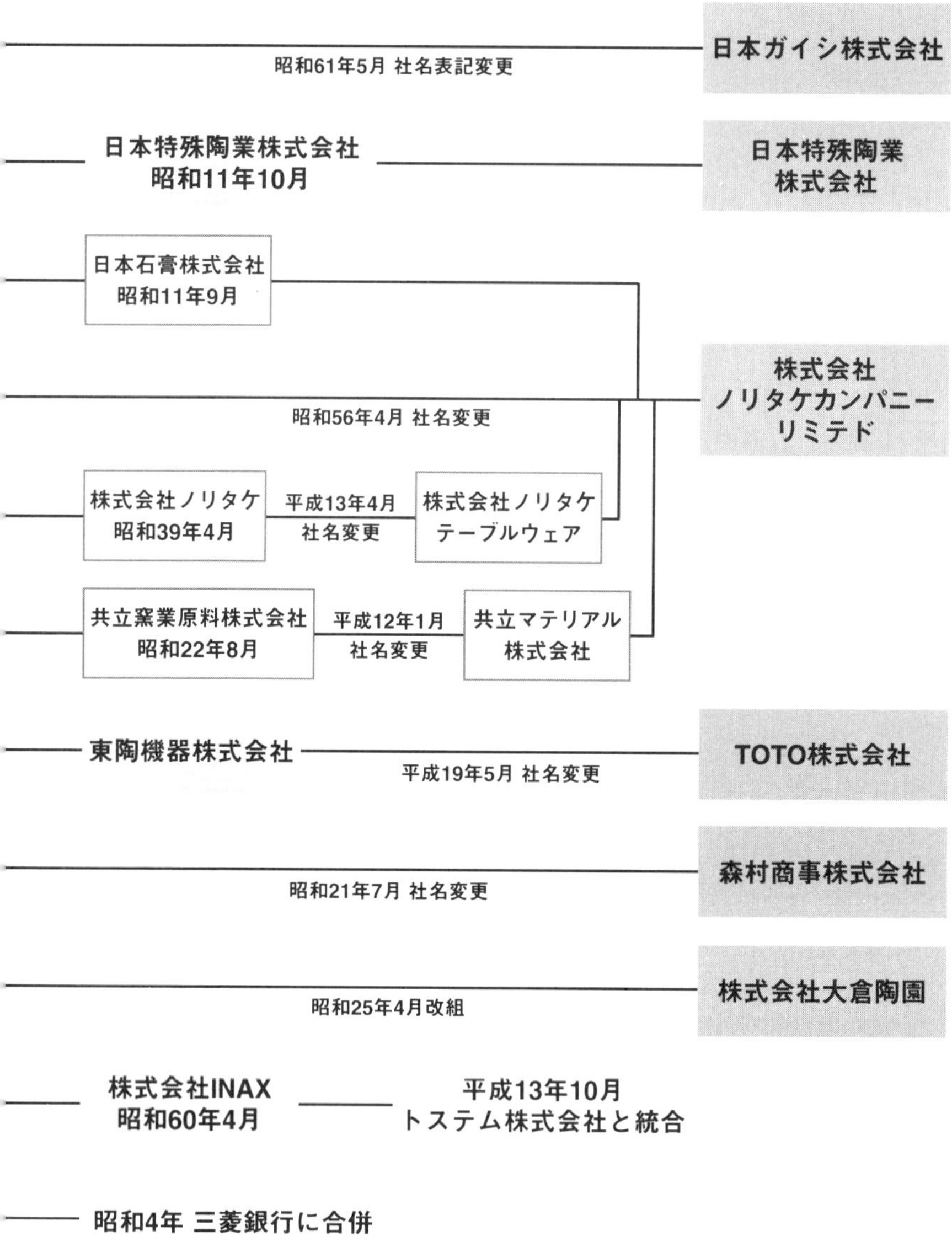
日本ガイシ株式会社
昭和61年5月 社名表記変更
日本特殊陶業株式会社
昭和11年10月
日本特殊陶業
株式会社
日本石膏株式会社
昭和11年9月
株式会社
ノリタケカンパニー
リミテド
昭和56年4月 社名変更
株式会社ノリタケ
昭和39年4月
平成13年4月
社名変更
株式会社ノリタケ
テーブルウェア
共立窯業原料株式会社
昭和22年8月
平成12年1月
社名変更
共立マテリアル
株式会社
東陶機器株式会社
平成19年5月 社名変更
TOTO株式会社
昭和21年7月 社名変更
森村商事株式会社
昭和25年4月改組
株式会社大倉陶園
株式会社INAX
昭和60年4月
平成13年10月
トステム株式会社と統合
昭和4年 三菱銀行に合併

出典：『ノリタケ100年史』。

森村グループ沿革略図

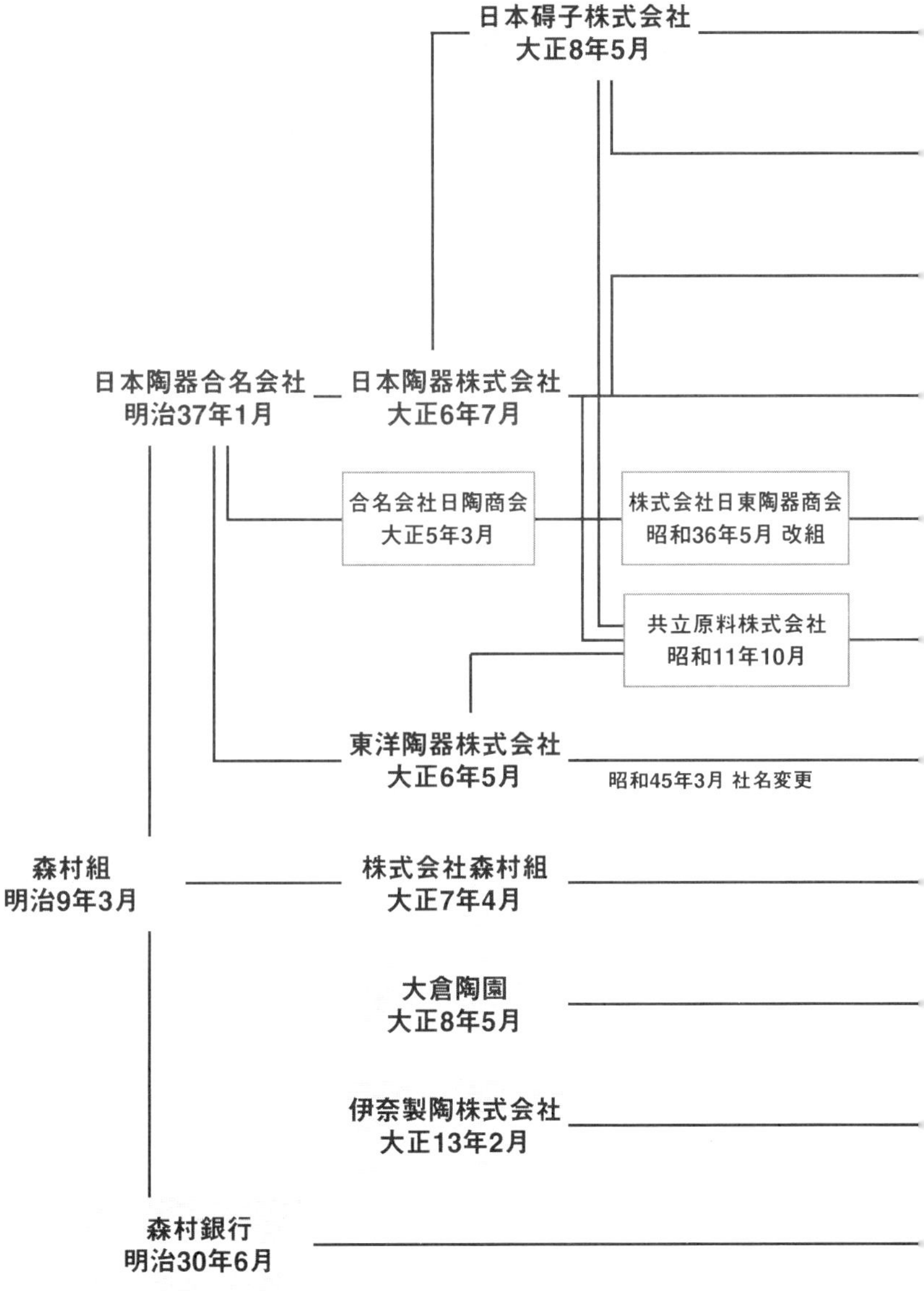
日本碍子株式会社
大正8年5月
日本陶器合名会社
明治37年1月
日本陶器株式会社
大正6年7月
合名会社日陶商会
大正5年3月
株式会社日東陶器商会
昭和36年5月 改組
共立原料株式会社
昭和11年10月
東洋陶器株式会社
大正6年5月
昭和45年3月 社名変更
森村組
明治9年3月
株式会社森村組
大正7年4月
大倉陶園
大正8年5月
伊奈製陶株式会社
大正13年2月
森村銀行
明治30年6月

ロンドンにあるローゼンフェルド商会の店舗。ローゼンフェルド商会とは明治40年頃から特約店契約を結び、同商会はイギリスをはじめ、ヨーロッパ諸国への販売をおこなった。

部長上野陽一の指導の下で能率課を社内に設けるとともに、アメリカの能率技師を招いて助言を受けています。翌五年、米国優良工場視察団に参加して、コンベア・システムの実用化の研究にも着手しました。このときの情報を基に、生産コストを切り下げるための設備の合理化も推進されました。

二、その後の森村グループ

日本陶器の販売戦略の転換

昭和四（一九二九）年の世界的な大不況のために、日本陶器は販売戦略の見直しを余儀なくされました。まず、不況のため奢侈品全般の需要が落ち込み、陶磁器では、昭和期に入って売り上げが堅調だったファンシーウェアの需要ですら、あまり期待できなくなりま

インドネシア・ジャワへの輸出は大正5年に始まった。写真は大正15年より販売を担ったデ・ベンコロフ百貨店の店頭の様子。

した。そこで、ディナーウェアに輸出の重点を置くとともに、国内での陶磁器販売にも力を注ぐことになりました。

大正期には、国内でも生活の洋風化が進み、コーヒーや紅茶でもてなす旅館や家庭が増えるなど、洋食器の国内販売は増加していました。また、アジア方面の輸出市場開拓に一段と力を入れるため、大正九年に森村商事は上海支店を設置すると同時に、明治時代にはヨーロッパにしか設けていなかった海外特約店を、大正・昭和期になるとオーストラリア（大正五年）、インドネシア（大正十五年）、南米（アルゼンチン、ブラジル。昭和四年）、インド（昭和四年）にも設置していきました。

しかし、海外販売は次第に困難の度を増すようになりました。戦争のためです。昭和十二年の日中戦争勃発後は日米関係が険悪になり、自由貿易が保護貿易・ブロック経済に取って代わられるようになっていった

日本初のボーンチャイナによるディナーセット。ボーンチャイナは高温で焼成するため、コストが高く、製造に至るまで多くの課題を克服しなければならなかった。

のです。先の図表2によれば、日本陶器の販売に占める国内の比率は昭和十二年以降急上昇していますが、これは国内販売が堅調だったというよりは、輸出に対する制約が次第に大きくなったことの反映でした。国内では、需要が増えたといっても大衆レベルでは相変わらず和食中心で、洋食はまだあまり普及していません。したがって、洋食器も大衆の間にはまだあまり浸透しておらず、ただ、デパートや専門店では、売れる売れないはともかく、一応並べていたという程度でした。

ボーンチャイナで示した技術力

昭和期において特筆すべきなのは、ボーンチャイナの開発です。ボーンチャイナとは、牛骨から精製したリン酸カルシウムを加味して焼かれた軟質磁器を指します。一般の陶磁器に比べると、生産コストが著しく

戦時難局のなかモリムラ・ブラザーズ最後の支配人を務めた水野智彦。

日米開戦に向けて政局が悪化するなかでモリムラ・ブラザーズは閉鎖を余儀なくされた。

高く、素地も薄く傷つきやすいのですが、柔らかな触感と透光性のある優雅な乳白色が珍重され、欧米では高級品の扱いを受けていました。十八世紀にイギリスのトーマス・ミントンが発明し、以後、王室や貴族の間で珍重されていました。

そのため、イギリス製磁器はすべてボーンチャイナとなり、アメリカでは高級磁器の代名詞のような存在でした。それゆえ、このボーンチャイナの開発に成功すれば、日本陶器の技術水準の優秀性を示すことができ、ひいてはノリタケのブランド・イメージをさらに高め、世界の高級磁器の仲間入りを果たすことができることになります。

日本陶器では、昭和七（一九三二）年から研究に着手しています。図柄を際立たせるため、欧米製品とは異なる白色度の高いボーンチャイナを目指し、同十年に本格製造を開始していました。当初は花器、置物でしたが、予想以上の反響のため十三年にはティーセッ

陶磁器の品質向上のため、日本陶器は研削砥石の開発も手掛けていた。戦時下においては、この技術が活かされ、需要・生産は増大の一途を辿り、食器と砥石を同時に焼成することもあった。

日中戦争が拡大するなかで、金属などの物資はすべて軍需に転用されることになった。そこで、磁器による金属代用品の研究開発が進められ、家庭用の電灯笠をはじめ、ガス七輪、ロストル（火がよく燃えるように風の通りをよくするための鉄格子）など家庭用耐火製品が製造された。

トを大量に輸出し好評を博するまでに至っています。

戦時下の試練

昭和十四（一九三九）年、アメリカが日米通商航海

空襲を受ける名古屋市の様子。左奥に日本陶器の6本煙突が見える。日本陶器は空襲により一部の建物のほか、貴重な資料が焼失するなど、ハード・ソフト両面で大きな打撃を受けた。

条約の破棄を通告すると同時に、ヨーロッパでは第二次世界大戦が勃発しました。そのためヨーロッパ交戦国との貿易は途絶え、同十六年には、太平洋戦争が始まり、アメリカとの貿易は完全に停止されてしまいました。モリムラ・ブラザーズも閉鎖に追い込まれました。

一方、国内では軍需産業の振興を最優先する政策のもとで、消費財の生産・販売は縮小を余儀なくされます。そこで日本陶器も、軍需に応じるため、研削砥石や金属代用品の生産への転換を進めました。研削砥石に着目したのは、それまでに蓄積されてきた窯業技術と磁器の生産施設を活用することができたからです。加えて、国内の精密機械工業、とくに航空機工業の発展が目覚ましく、それに伴って研削砥石の需要が増えましたが、研削砥石の輸入は困難になっていました。研石事業は戦時下で順調に成長し、研削砥石のトップ企業となりました。

アメリカ占領下であることを示す「OCCUPIED IN JAPAN」の裏印。

戦後しばらく「ローズ・チャイナ」の名で輸出されたディナーセット。

金属の代用品も開発されました。戦争により軍需品、わけても金属需要は増大しましたが、その一方で、海外との貿易が断絶してしまったので、金属はことごとく軍需に転用されました。そこで、日本陶器は金属製の生活必需品の代用品を開発し、磁器製の電灯傘、ガス七輪、ロストル、七輪用サナ(灰受)やすき焼き鍋などを製造していました。

もっとも、政府の指定を受けてボーンチャイナ製造技術は保存できることとなりました。日本陶器は、戦時下で一般陶磁器の生産は停止を余儀なくされましたが、こうしてボーンチャイナだけは、かろうじて生産を継続することができました。

ノリタケ・チャイナの復活

昭和二十(一九四五)年に敗戦を迎えると、ただちに食器類の生産を再開し、にわかに繁忙となりました。とはいえ、良質原料の入手が困難であることや、熟練労働者の不足などにより、

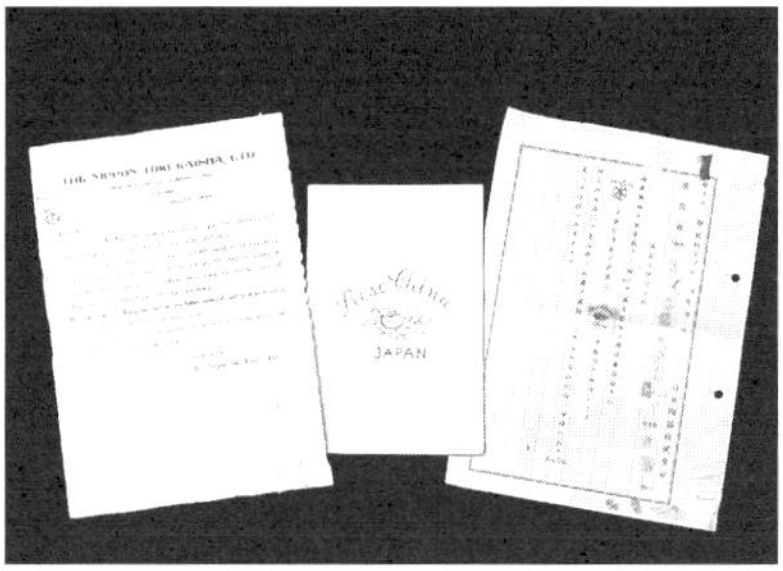

折しも米国では陶磁器のニーズが高まり「ノリタケ」復活を望む声が多かった。だが、同社は「ノリタケ」の名に相応しい品質が実現するまでは、その名を使用しないと決断した。写真はその案内状。

戦時中、技術力保護のために、生産が認められたボーンチャイナ製品。

ローズ・チャイナの裏印。

米国での人気・信用を裏付けるように、戦後、工場にはGHQの幹部や米兵が多く訪れた。

戦前の品質には及びませんでした。やがて民間貿易も再開され、アメリカ市場からも根強い人気のあるノリタケ・チャイナが要望されるようになりました。しかし、目先の利益に目がくらんで顧客の信頼を失うわけにはいかないため、ノリタケとしてではなく、当面「ローズ・チャイナ」の商標で輸出することにし、品質の復旧に全力をあげることになりました。信用の最優先、それゆえブランド・イメージを最重視する森村の経営姿勢が、戦後にも、たしかに受け継がれていることを見て取ることができます。

品質の復旧という生産面での課題とともに、アメリカ輸出をどのように再開するかという点にも問題がありました。モリムラ・ブラザーズが閉鎖されてしまっていた

米国ノリタケの復活を聞きつけ、元モリムラ・ブラザーズの米国人従業員が集まった。

名古屋港から世界に向けて、ノリタケ・チャイナが出荷された（昭和30年代）。

からです。そのため、日本陶器は昭和二十二年十一月に、米国輸出を再開するに際して、モリムラ・ブラザーズに代わる米国ノリタケ（Noritake Co., Inc.）をニューヨークで設立しました。そして二十三年秋、ようやくノリタケ・チャイナのブランドの復活に漕ぎ着けることができました。ノリタケ・チャイナの知名度は、前述のように、すでに戦前から高く、その品質・デザインも高い評価を得ていましたから、輸出すれば飛ぶように売れました。

なお、占領軍による財閥解体の一環として、持株会社森村組が解散を余儀なくされたので、森村組は森村商事株式会社に改組・改称されました。ノリタケ製品は米国ノリタケが扱うことになったため、森村商事は他の陶磁器メーカーの製品を輸出せざるを得ませんでした。しかし、さほどの成長が望めず、結局、陶磁器から離れ、特殊な薬品等の輸入を手がけることになりました。戦時期まで一体となっていた森村と日本陶器は、以後それぞれ別の道を歩むこととなったのです。

高度経済成長とノリタケ

生産・販売ともに復興の体制が整った日本陶器は、この後も発展を続けることになります。世界的な自由貿易の拡大と高度経済成長の後押しもあって、ノリタケは世界の名だたるブランドの仲間入りを果たし、東洋陶器（ＴＯＴＯ）、日本碍子（日本ガイシ）、日本特殊陶業などのグループ企業もそれぞれの分野において、日本の代表的企業となりました。事業の多角化もさらに進み、昭和五十六（一九八一）年、日本陶器は株式会社ノリタケカンパニーリミテドと社名を変更し、現在に至っています。

最後に指摘しておきたいのは、こうした戦後の発展の過程で輸出依存が低下し続けたことです。日本陶器の陶磁器販売に占める輸出の比率を図示した図表7を見ましょう。昭和二十三年に約九十パーセントであっ

図表7　日本陶器の陶磁器販売に占める輸出の比率

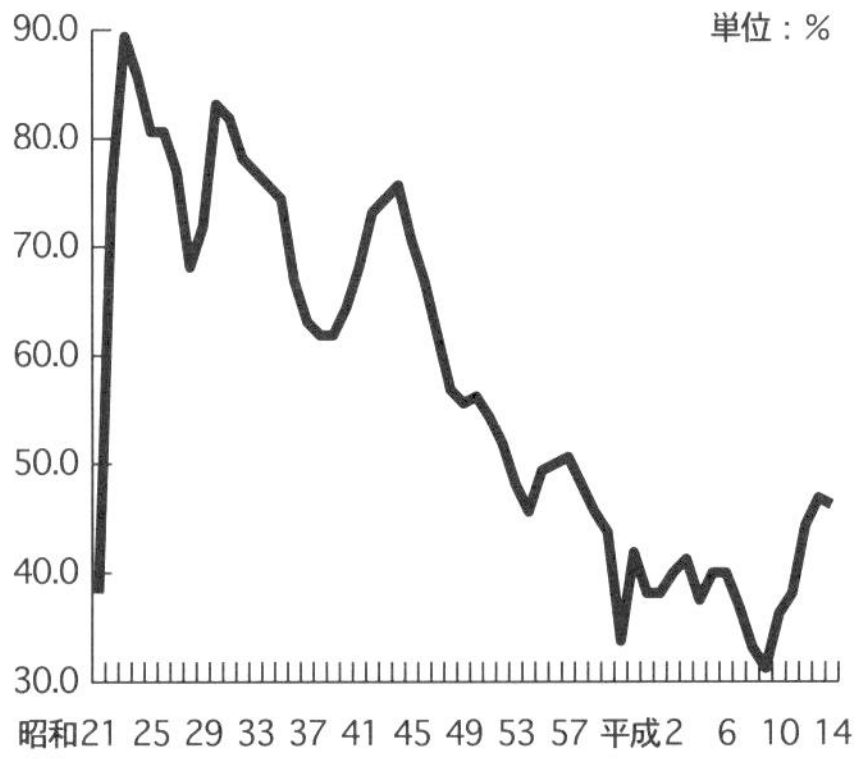

出典：『ノリタケ100年史』。

た輸出は、その後次第に低下していきますが、それでも昭和三十年代中頃までは七十〜八十パーセントが輸出でした。しかし、高度経済成長が始まった三十年代半ば以降かなり低下し、その後、再び上昇します。とはいえ、四十年代後半以後の低落は大きく、四十パーセント前後となってしまいました。

アメリカに遅れて日本もまた大衆消費社会に移行し、ノリタケを求める主要市場と化したのです。

コンベア・システムが導入された画付け作業の風景。昭和初期。

出荷前に一点一点、検品される様子。同じく昭和初期の様子。

終戦直後の工場の風景。GHQで使用される食器の大部分にノリタケのものが採用された。

昭和初期の生地仕上げ作業の様子。

ラーキン社のカタログに掲載されたノリタケ・チャイナ。

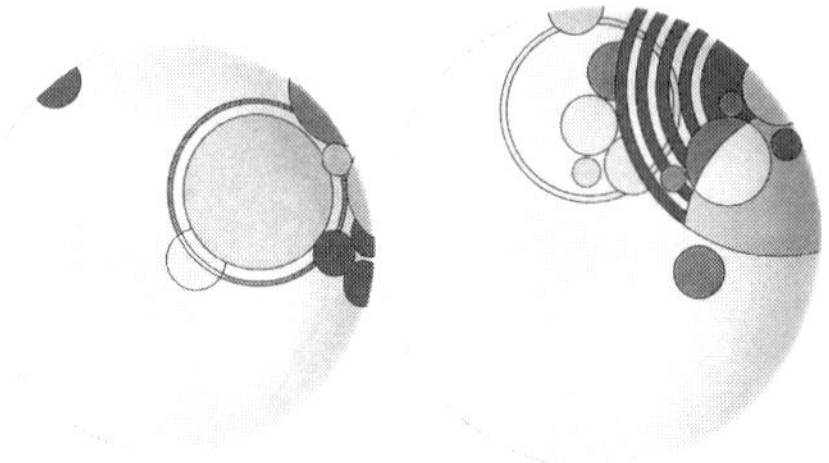

ライトがデザインした帝国ホテル用の皿。

大正元年から続くロングセラー製品。

戦後、GHQにより森村財閥は解体を強いられた。本社ビルより撮影。

全面に画付けされたノリタケ・チャイナ。

戦後アメリカでベストセラーとなった皿。

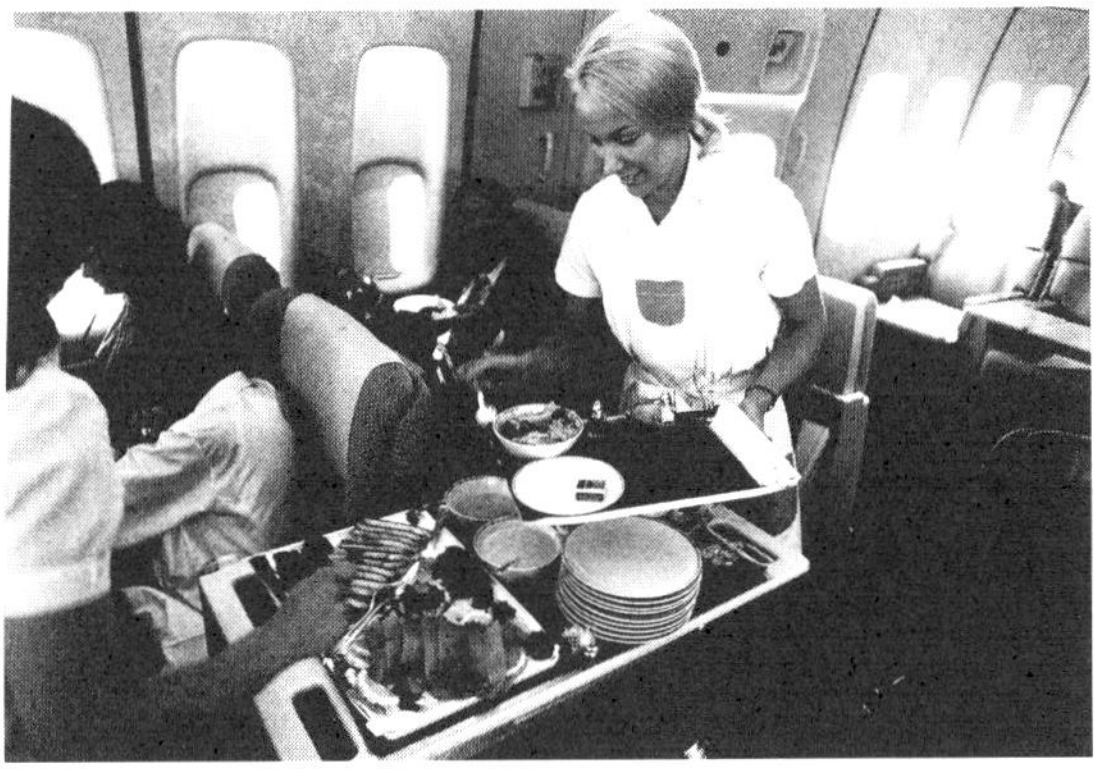

航空機用など、さまざまな制約のある業務用食器なども多く手がける。

創業100周年を記念し製作されたボーンチャイナ。

オールド・ノリタケのポプリポット。

養殖真珠を広めた世界の「真珠王」

御木本 幸吉

みきもと こうきち

安政五（一八五八）年一月二十五日～昭和二十九（一九五四）年九月二十一日。総合宝石店ミキモトの創業者。世界ではじめて半円真珠の養殖に成功。世界に日本の真珠を伝え「真珠のミキモト」ブランドを築く。

第一章　生い立ち

一、幼少時代

才知と上昇志向に満ちた少年

御木本幸吉は、安政五（一八五八）年一月二十五日、父音吉、母もとの長男として、志摩国*鳥羽町大里に生まれました。幼名を吉松と称しました。父音吉は、代々続くうどんの製造・販売を家業としていましたが、明治四（一八七一）年、吉松が十三歳のとき、音吉が病の床についてしまったため、吉松が母を助け、病父の看護と家業を手伝わねばならなくなりました。しかし、吉松は「一杯八厘のウドンをいくら売ったところで、トテモ金持になることは夢想だにできない」と考え、父の許しを得て、家業を手伝うかたわら青物の行商を始めました。早朝に市場で青物を仕入れ、それらを鳥羽の町中で売り回るのです。早熟の野心家といってよいでしょう。

こういうエピソードがあります。明治八年のある日、イギリスの軍艦*が鳥羽に入港し

志摩国
現在の三重県、志摩半島にあたる。

イギリスの軍艦
海図作成のために入港したイギリスのシルビア号。幸吉は船員たちの興味を引くことに成功し、最終的にはシルビア号御用達の権利も手にした。ちなみに、シルビア号の測量における日本側のトップは後述する柳楢悦だった。

ました。商人たちが小舟で軍艦に近づき商品を売り込もうとしました。そのなかには青物や鶏卵を仕入れた吉松もいました。けれども、軍艦が相手にしないので、大半の商人はやむなく引き上げてしまいます。ところが、生ものを抱えていた吉松は帰るに帰れませんでした。そこで彼は、水兵たちの関心を引くために小舟のなかで得意の足芸を披露しました。面白がった士官は吉松を甲板に呼び上げ、吉松は商品すべてを売り捌《さば》くことに成功したのです。単なる野心家というだけでなく、商売の機略も早くから備わっていたと見るべきでしょう。

寺子屋
読書、習字、算数などの基礎教育をおこなう江戸時代の教育機関。

晩年の幸吉。事業を成した後も、奢ることなく、質素な暮らしを続けたという。95歳のときの写真。

あふれる功名心

その一方で、友人らと夜間に勉強会を設けるなどして自学自習にも励んでいます。貧苦のために、吉松は寺子屋*で読み書きとそろばんを教わっただけで、学校教育を受けられませんでしたが、野心を達成するために学問修養を身につける必要性を感じたのです。

もっとも、後年の御木本幸吉は、大言壮語を吐く起業家としてつとに知られていました。『宮本武蔵』『新

子どものときに大道芸人から教わったという足芸。90歳という高齢になっても、機嫌のいいときには披露した。

平家物語』などで知られる作家の吉川英治は、幸吉について「翁の事業的成功は大きいが……翁自身の人間は、いまだに帆立貝のままである。この帆立貝は、割らない方がいいように思われた。教養的な真珠層は巻いて居そうもない」と語ったそうです。ビジネスにおける大成功に釣り合うような教養が幸吉に欠けていることを、吉川英治は看破したのでしょう。幸吉にとって学問は、あくまでも商人として身を立てるための手段にすぎなかったのかもしれません。

さて、明治九（一八七六）年、吉松は数年続けた青物商から穀物商に転じました。青物商で得られた薄利では、大きな望みを達しがたいと考えたからです。しかし、穀物商といえども、しょせん鳥羽のなかでは取引の範囲が限られており、功名心にあふれていた吉松にとって、それではいつまでも満足できるはずはありませんでした。

現在の鳥羽市の眺望。同市は三重県志摩半島北東部に位置する。美しいリアス式海岸の稜線のなかに、鳥羽湾が浮かぶ。

二、海産物商へ

海産物取引の開始

明治十一（一八七八）年、一大転機が訪れました。二十歳になった吉松は、隠居した父に代わって世帯主となり、名を幸吉と改めました。同時に、鳥羽の外の世界を見聞するチャンスが訪れました。所用があって名古屋経由で上京する者が同じ町内にいたため、同道して東京や横浜で見聞を広めることを父に願い出て、許されたのです。

生まれてはじめての旅行は、功名心に燃える幸吉に強烈な印象を与えました。おそらく目を皿のようにして起業の種を探索していたに違いありません。幸吉が目撃したのは、ナマコ、アワビなどの海産物が盛んに売買されていることでした。とくに、真珠は、ケシと呼ばれる小粒のものが中国人に目薬の原料として購入された、大粒のものは外国人たちに法外な高値で買い取られていました。

いうまでもなく海産物は志摩地方の特産です。なかでも英虞《あご》湾は〈伊勢真珠〉の名称で知られていた真珠産地のひとつであり、古くから海産物商が副業として真珠取引をおこなっていました。地元の特産物が大きなビジネスの材料になることに幸吉は小躍りし、このまま横浜に出て海産物取引に従事しようかとさえ思ったほどでした。明治十二年には大阪と神戸に行き、やはり外国人相手の商取引を見聞しています。

こうした体験を通じて、大商人になろうという野心を実現させるための方向を、おぼろげながらも幸吉は見定めるようになりました。すなわち、地元鳥羽で仕入れた海産物を外国人、とくに中国人に売却することに一大商機を見い出したのです。この点は、横浜での体験から有望な輸出商品を知った森村市左衛門によく似ています。明治十三年、幸吉は意を決し、ナマコ、アワビ、テングサなどの取引に着手しました。正月の飾り物用として、イセエビを東京へ販売することも手がけています。

鳥羽市鳥羽にある幸吉の生誕地。現在は、記念碑が建てられている。

地域振興への取り組み

地元志摩の特産物を利用したビジネスに着手した幸吉は、明治十四（一八八一）年、産業振興に熱心な答志島の郡長と計り、志摩国物産品評会を開催しています。海産物の取引に熱心なことが、地元で認められたのです。次いで十八年に三重県商法会議員、十九年、志摩国海産物改良組合の理事（後に会長）にそれぞれ就任しています。このような活動に尽力することで、幸吉は海産物の生産の状況や仕入れ方法について、さらに詳しく知ることになります。

こうして志摩の産業振興に力を入れ始めた幸吉は、需要の多い中国向けの寒天の製造や乾しアワビなどの海産物の改良について調査しました。しかし、これは原料が乏しいため、断念せざるを得ませんでした。また、この時期に津市で炭酸水の製造・販売を始

生食カキの養殖技術発祥の地、三重県・的矢（まとや）のカキは高値で取引される。

伊勢神宮の神事に用いられ、古くは万葉集にも詠われた伊勢のアワビ。

三重県・伊勢地方の特産品を代表するイセエビ。この地では、古くから「志摩エビ」とも呼ばれる。

めた人物と特約を結んで、鳥羽方面における一手販売を引き受けていますが、まったくさばけず失敗しています。

当時、殖産興業気運が全国各地で盛り上がっており、輸出を目的とする伝統的な物産の改良を試みる風潮は日本全体に広がっていました。政府が催した勧業博覧会も盛況でした。大倉孫兵衛が『大日本物産図会』を刊行したのも、そのような風潮に基づくものです。幸吉もまた、海産物の取引をきっかけに、殖産興業の担い手のひとりになろうと試行錯誤を続けたのです。

なお、明治十四年には、鳥羽藩士族久米森造の長女うめと結婚しています。以後、うめは、海産物取引や真珠養殖において幸吉を支えることとなります。この時期に、公私ともども将来への飛躍のための基礎を幸吉は固めたといってよいでしょう。

中国直輸出への挑戦と挫折

前述の志摩国海産物改良組合は、中国向け輸出を目的に志摩国内の海産物改良の調査・研究を目的として設けられたものです。そのため幸吉は、寒天の製造や乾しアワビの改良を試みる一方で、横浜・神戸へ調査に赴いています。その結果、日中貿易の主導権を握っていた中国商人を介さず、日本人自らが直接中国に輸出（直輸出）する必要性

干鰯
イワシから油をしぼりとり乾燥させた魚肥のこと。農業用肥料として使われた。

を痛感しました。

この当時、中国商人は日本の対外貿易に重要な役割を果たしていました。江戸時代から対外貿易が許されていた長崎では、中国商人の活動は開港によっても影響を受けず、むしろ、開港後も多数来航して貿易業務を営み、ナマコ、干鰒《ほしか》*、鱶鰭《ふかひれ》、コンブなどの海産物の中国向け輸出などに従事していました。欧米向け商品が多かった横浜では、欧米の商人の活動が目立ちましたが、神戸・大阪では、開港とともに長崎の中国商人が多数進出していたのです。そのため、日本の海産物の輸出価格は、中国商人の意向に左右されがちでした。しかも、各港における中国商人の貿易活動は、年々活発になっていました。たとえば、明治十三（一八八〇）年の日本における中国の商社は一〇二、その

三重県鳥羽市鳥羽の相島（現在の御木本真珠島）の銅像（昭和28年建立）。幸吉はこの島で試行錯誤を繰り返し、半円真珠の養殖に成功した。

他は二五八でしたが、明治二十三年には中国の商社が三〇五、その他は二五九となっていました。

陶磁器と海産物との違いがあり、また、相手先がアメリカと中国という相違もありますが、森村市左衛門と同じく幸吉もまた、日本の伝統的な物産を改良し、外国商人の手を介さず日本商人自身の手により輸出することに大きな商機を見い出していました。しかし、市左衛門と異なり、幸吉は海産物輸出を断念します。その理由は定かではありませんが、海産物の中国への輸出は江戸時代から続いており、中国商人の力が強いばかりでなく、中国商人と取引をする日本人商人も多数存在しました。新参者がおいそれと割って入るのが容易ではなかったのでしょう。

和具大橋より望む英虞湾の眺望。真珠などの養殖のためのいかだが多数浮かぶ。その合間を遊覧船がぬうように進み、多くの観光客の目を楽しませている。

第二章　起業

一、真珠養殖事業への進出

真珠取引への着目

東京、横浜での見聞を通じて海産物取引に強い関心を持った幸吉は、イセエビの販売を手がけるなどして、海産物商・地域振興のリーダーとしての活動に力を入れ始めますが、なかなか大きな成功を収めることができません。前述のように中国向け海産物の改良にも失敗し、中国への直輸出を断念せざるを得ませんでした。そのほかにも、さまざまなビジネス・チャンスを窺いますそして、試行錯誤の末に着目したのが真珠でした。

英虞湾は大小50もの島が浮かぶリアス式海岸。深く入り組んだ、複雑で美しい海岸線を描く。

真珠養殖の風景。穏やかな湾内は、陸からの豊富な滋養を備え、真珠の養殖に適した環境を作り出している。

寒天やナマコのような海産物においては、江戸時代から中国との取引がかなり活発で、したがってそれに関わる商人が多数おり、競争も激しかったのですが、真珠の場合には、古くから取引が続いているにしても、取引額そのものが比較的少ないため、他の海産物ほど競争が激しくなく、幸吉のような新規参入者にも開拓の余地が大きかったからでしょう。

他の海産物よりも将来有望と判断したためか、幸吉は真珠の研究に熱心でした。明治二十（一八八七）年、*英照皇太后《えいしょう》（孝明天皇*の皇后）が伊勢地方に行啓《ぎょうけい》した際には、宮内

英照皇太后
天保四（一八三三）年十一月十三日～明治三十（一八九七）年一月十一日。

孝明天皇
江戸時代後期、第一二一代天皇。天保二（一八三一）～元治四（一八六七）年。公家の学問所・学習院を創立。

真珠などこの地の豊富な海産物は海女漁によって支えられてきた。（上）明治16年『三重県水産図解』に掲載された、たき火で暖をとる海女の様子。（中）最近では海女の伝統的な白装束は見られなくなったが、真珠祭でその姿を見ることができる。（下）鳥羽市では海女に関わる祭事がたびたび開催されている。写真は2005年に開かれた「御潜（みかづき）神事」。

明治21年、幸吉は神明浦（現、志摩市）に御木本真珠貝養殖場を創設し、真珠養殖に着手した。当初、幸吉の真珠養殖を信じる者はおらず、協力者は妻うめをはじめとする身内に限られた。

省が二十九歳の幸吉に真珠を注文しています。これは見逃せない事実です。すでに、この時点において地元の有力実業家となっていたことや、真珠に対する優れた鑑識眼を身につけていたことが、宮内省からの注文を得た理由であると思われるからです。

皇室との出会い

しかし、同時に重要なのは、皇室という絶大な権威を持つ顧客からの注文によって、並々ならぬ栄誉と信用を授けられることに、幸吉が着目したことです。そもそもブランドとは、国王や貴族といった大きな権威を持つ顧客からの信用を得てはじめて誕生することが少なくありません。後に幸吉が社員を派遣して視察させたパリのカルティエも、はじめは小さな工房としてスタートしました。しかし、ナポレオン三世*の皇妃ウージェニ*の愛顧を受けて、一流宝飾店としての権威を獲得した後は、宮廷や上流階級を顧客にし、「宝石商の王、王の宝石商」と呼ばれるようになり、アメリカにも進出して新興富裕階級を顧客としました。ティファニーも、ホワイトハウスやイギリスのヴィクトリア女王*をはじめ、ヨーロッパの多くの王室の御用達となる一方、アメリカの大富豪に宝石を売り捌いていました。

前述のように、森村組や大倉陶園も、皇室や富裕階層の〈御用達〉になることによって権威を与えられました。けれども、皇室、富裕階層、セレブやメディアとの結びつきを強め、さらに、それを喧伝しようとする幸吉の努力は、森村組や大倉陶園の比ではありません。装飾用陶磁器の場合には、生産・販売業者の信用や知名度もさることながら、絵柄やデザインだけでも顧客にかなりアピールすることができます。これに対して、貴金属・宝石類は高額である一方、一般の購買者が鑑定に関する知識を十分に持っておらず、品質の優劣を見極めることが難しい商品です。そのため、信用や知名度の大小が取引の成否に大きく関わり、その信用・知名度は皇室や富裕階級との取引によって大いに高められるのです。

これ以後、幸吉はデザインの開発や細工技術の向上に力を注ぐと同時に、事あるごとに皇室に真珠を献上します。また、華族、各界著名人や外国人への売り込みに熱心になります。海外の博覧会にも毎年のように出展しました。さらに、事あるごとに盛んに大言壮語しますが、それもメディアの取り扱いをかなり意識していたに違いありません。

宮内省
現在の宮内庁の前身で、昭和二十二（一九四七）年まで存在。同年、日本国憲法により宮内府に、同二十四年に宮内庁に改められた。

ナポレオン三世
政治家。フランス第二帝政の皇帝。一八〇八～一八七三年。

ウージェニ皇后
一八二六～一九二〇年。皇后はスペイン貴族の娘で美女として知られ、当時ファッションリーダーとして強い影響力を持っていた。

ヴィクトリア女王
一八一九～一九〇一年。ヴィクトリア朝はイギリスが産業革命により最盛期にあった時期と重なる。

右に述べたような宝飾品取引特有の事情があったからでしょう。
ともあれ、幸吉の真珠取引がその初期に皇室という絶大なる権威との結びつきを得たことは、この後、幸吉が養殖真珠を〈発明〉した人物として伝説化され、成功を収めていくことの一因を暗示する重要な事実といえましょう。

真珠養殖事業への着眼

真珠の主な産地は、インド、セイロン島*、ベンガル湾*、ペルシャ湾*、オーストラリア、南洋諸島*、それに日本が加わる程度でした。そのため開港後、日本の天然真珠は欧米へ高値で輸出されました。もっとも、日本でも産地はわずかの海域に限られており、志摩の英虞湾のほか、大村湾*（長崎県）、七尾湾*（石川県）、土佐湾*（高知県）などがあるにすぎません。
しかしながら、いかに真珠が有望な輸出品だとしても、真珠の集荷には難しい問題がありました。乱獲による真珠貝の絶滅が危惧されていたのです。明治十二（一八七九）年、十三年には産額が一万円を超えていたのに、同二十年頃には二～三千円にまで落ち込むという有様でした。佐世保湾では、同十八年に八年間の真珠採取を禁止しています。英虞湾も例外ではなく、真珠貝が絶滅する恐れがありました。

セイロン島
スリランカ民主社会主義共和国。インド半島の南東に位置する島。

ベンガル湾
インド洋の北、インド半島の東方に広がる海域。

ペルシャ湾
アラビア半島とイランに囲まれた湾。

南洋諸島
旧日本委任統治領の諸島群の総称。太平洋西部の赤道以北にあるマリアナ・カロリン・マーシャル諸島などを指す。南洋群島とも呼ばれる。

こうした事態を憂慮した幸吉は、真珠貝の乱獲防止とその養殖事業を企図し、養殖場を神明浦に設置することを決意します。真珠の養殖は古くから中国で試みられており、この当時も、政府や水産関係者の間で注目されていました。志摩でも、幸吉よりも七歳年下の小川小太郎という青年が、明治二十年頃から英虞湾の神明浦で真珠貝の養殖を手がけています。真珠に関して、小太郎は幸吉も一目置く存在でしたから、幸吉の真珠養殖への熱意は、小太郎からの刺激も一因かもしれません。小太郎は明治二十二年に二十四歳の若さで腸チフスのために亡くなっています。後に、幸吉は小太郎の一子小川多門を養殖場に引き取り、また、多門が成年に達するまで小太郎の遺影を自宅の仏間に掲げていたそうですから、幸吉は小太郎を事業のパートナーと見なしていたようです。

ところで、養殖事業にはかなり広い水域を要し、その海面を沿岸漁民から借用する必要がありました。しかし、漁民たちは漁労への支障や不便をきたすなどの理由で、幸吉の説得になかなか応じませんでした。

生涯を賭けた養殖事業のはじまり

明治二十一（一八八八）年六月、東京で開催された大日本水産会主催の全国水産品評会に、幸吉は改良海参《いりこ》*および真珠を出品し、第二等賞を授与されています。その際に幸

大村湾
九州本土と西彼杵（にしそのぎ）半島に挟まれた長崎県東部の湾。古来より真珠が採れ、現在は真珠養殖が盛ん。その他ナマコなども名産品。穏やかな波が琴の音色に例えられることから「琴の海」とも呼ばれる。

七尾湾
能登島を中心に、北湾、西湾、南湾に分かれ、南湾には天然の良港として知られる七尾港がある。

土佐湾
高知県、室戸岬と足摺岬に挟まれた海域。昭和四十年代頃までは真珠の養殖が盛んだった。

海参
ナマコの腸を取り除き、煮て干したもの。中華料理などに使われる。

海軍大佐当時の柳楢悦の油絵肖像画。（大林日出雄『御木本幸吉』より）。

動物学の第一人者、箕作佳吉教授。現、三崎臨海実験所を設立し、初代所長を務めた。

吉は、大日本水産会の幹事長柳楢悦*《やなぎならよし》に面会を求め、真珠貝乱獲に対する危惧と養殖事業の必要性を力説し、英虞湾の視察を懇請しました。

柳は予備役海軍少将で、当時は元老院の議官を務め、第一回貴族院議員に勅選されたほどの権威ある人物でした。その三男は、民芸運動を起こした美術評論家として名高い柳宗悦《むねよし》です。幸吉は、その柳楢悦が漁民を説得することを期待したのです。

柳は幸吉の申し出を快諾し、二カ月後に鳥羽の幸吉のもとを訪れています。幸吉は早速、英虞湾を案内し、小太郎や村の有力者に引き合わせています。そのおかげで幸吉は、養殖場を借用することができたのです。明治二十一年九月、幸吉は神明浦の一画に杭を打ちました。以後、幸吉はこの養殖事業に、全財産を投じたばかりか借金までして取り組むことになったのです。

このときに幸吉が試みたのは真珠貝の飼育培養で、

箕作佳吉教授（左から2番目）。幸吉は、箕作教授をはじめとする識者の力を借り、試行錯誤の末、半円真珠の養殖に成功した。

後の真珠養殖事業とは異なります。真珠は、貝の内側に入り込んだ石などの異物が吐き出されないまま貝中にとどまり、貝から分泌される真珠層にくるまれることによって作り出されます。貝の種類によって真珠の種類も異なりますが、真珠を産み出すのには真珠貝と呼ばれるアコヤ（阿古屋）貝が代表的で、そのほかアワビ、シロチョウ貝、クロチョウ貝、カラス貝などがあります。しかしながら、すべての真珠貝が真珠を生み出すわけではなく、その確率は数百分の一以下にすぎません。つまり、千個のアヤコ貝からせいぜい数個の真珠しか採取できないのです。そのため、漁場の使用料、労賃、材料費などを考えると、真珠貝の養殖から利益を生み出すことは困難でした。

実は、この当時、真珠貝ではなく真珠の養殖が中国で実施されていました。カラス貝のなかに金属や貝殻で作った核を挿入する方法でした。国内でも研究が進められ、東京帝国大学（現、東京大学）の*箕作佳吉《みつくりかきち》、

*岸上《きしのうえ》鎌吉、佐々木*忠次郎といった学者グループや、農商務省技手山本由方が実験を続けていました。真珠貝の養殖で壁にぶつかった幸吉が目を付けたのは、この真珠の養殖でした。

二、試行錯誤

真珠養殖への挑戦

明治二十三（一八九〇）年、第三回内国勧業博覧会が東京の上野公園で開かれました。柳楢悦の勧めにより、幸吉は、真珠貝、真珠、アワビ、海参などを出品するとともに、前述の箕作佳吉を研究所に訪ねました。真珠貝の養殖事業で直面した困難を打開する手がかりを得るには、学識者の知見とアドバイスが必要だったのです。

箕作博士は、幸吉の出品した真珠および真珠貝を吟味し、実験をおこなったうえで、貝中に人為的に異物を挿入して吐き出されないようにすれば、真珠養殖が可能なことを説明しました。ただし、これまで真珠の核となる微粒を貝のなかに入れるのに成功した者はなく、博士自身にも、これといったアイデアはありませんでした。

「誰もやったことのない仕事こそ、やりがいのある仕事だ」と考えた幸吉は、神明浦に

柳楢悦
天保三（一八三二）～明治二十四（一八九一）年。津藩の下級武士の長男として生まれる。大日本帝国海軍を経て、元老院議官、貴族院議員などを歴任。孫にデザイナー柳宗理がいる。

箕作佳吉
安政五（一八五八）～明治四十二（一九〇九）年。東京帝国大学理科大学で日本人初の動物学教授を務める。三崎臨海研究所、日本動物学会を設立。

岸上鎌吉
東京帝国大学教授。エチゼンクラゲの命名者。

佐々木忠次郎
昆虫学者。安政四（一八五七）～昭和十三（一九三八）年。

鳥羽港は古来から航海の重要拠点として栄えた。写真は明治期の様子。写真右手前に鳥羽造船所（跡地には現在、鳥羽水族館がある）、中央左端には相島（現在の御木本真珠島）が見える。

戻ると、早速、実験場の設置に取りかかりました。しかし、実験方法は、箕作博士の協力を得ながら試行錯誤を重ねるほかありません。実験場は、神明浦のほかに鳥羽湾内の相島《おじま》（現、御木本真珠島）にも設けました。苦心したのは核として挿入する物質でした。幸吉は、はじめはガラス製の南京玉や陶土を用いたほか、粒状に刻んだ貝殻なども試みています。

この実験は、実に忍耐と苦労の連続でした。海中に沈めた真珠貝を数カ月後に引き上げ、貝殻のなかを開いて調べるのですが、多くは挿入した異物を吐き出してしまい、内部にとどめている場合でも、何ら変化が生じていないのです。工夫を凝らしながら、こうした実験を繰り返しましたが、良好な結果は得られませんでした。

真珠ができるまで

1.母貝の育成

真珠の母貝となる、アコヤ貝を養成している様子。海中に杉の葉を沈め、アコヤ貝の稚貝を付着させる。

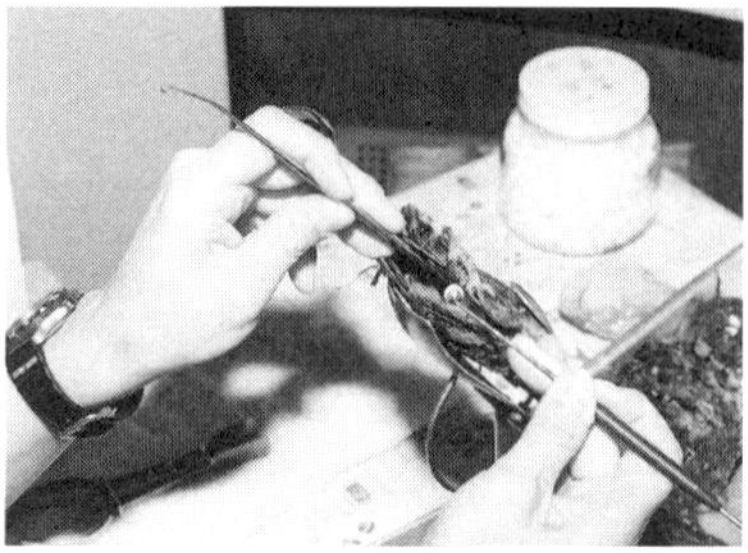

2.挿核手術

外套膜と呼ばれる貝の一部分を切り出し、真珠の核となる珠とともに、母貝（アコヤ貝など）に挿入する。

3.漁場へ

施術された母貝は、専用の養成カゴに入れられ、海中へ。養成期間は1年半〜2年半と、長期に渡る。

4.貝掃除

付着物を除去。赤潮やウイルス感染症はいうに及ばず、真珠に最適な環境を作り出すために細かな作業がおこなわれる。

5.珠出し

真珠の収穫は「浜揚げ」と呼ばれ、真珠の光沢が増す11月から1月にかけて浜揚げされる。形やキズの有無のほか、色、光沢、真珠層の巻具合（厚さ）によって真珠の価値は左右される。

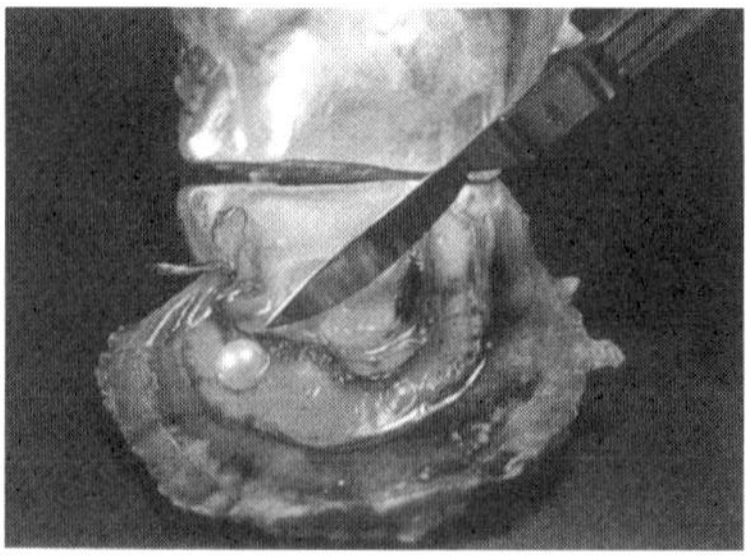

将来への布石

明治二十五（一八九二）年七月、東京帝国大学教授佐々木忠次郎が英虞湾を訪れ、幸吉の養殖している真珠貝について種々検査し、海水の深浅、土質の硬軟、潮流の緩急、水温の高低などに関して示唆を与えました。しかし、真珠を孕ませる方法については見るべき成果が得られませんでした。そのうえ、同年十一月に赤潮の惨害に見舞われ、実験中の真珠貝が全滅してしまいました。

養殖事業に対して幸吉は、全財産を投じたのみならず、親戚や知人から借金までして

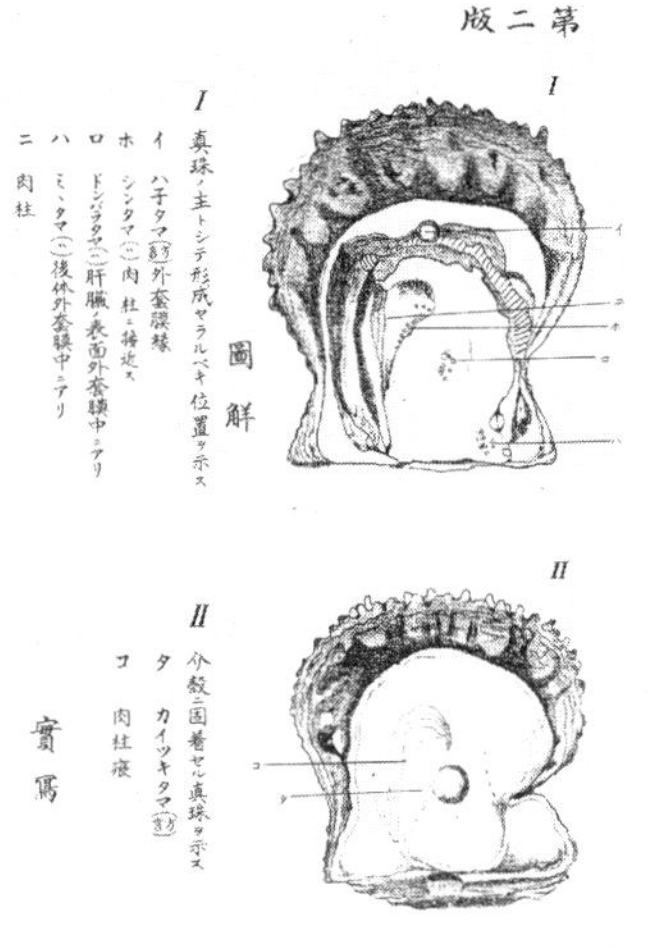

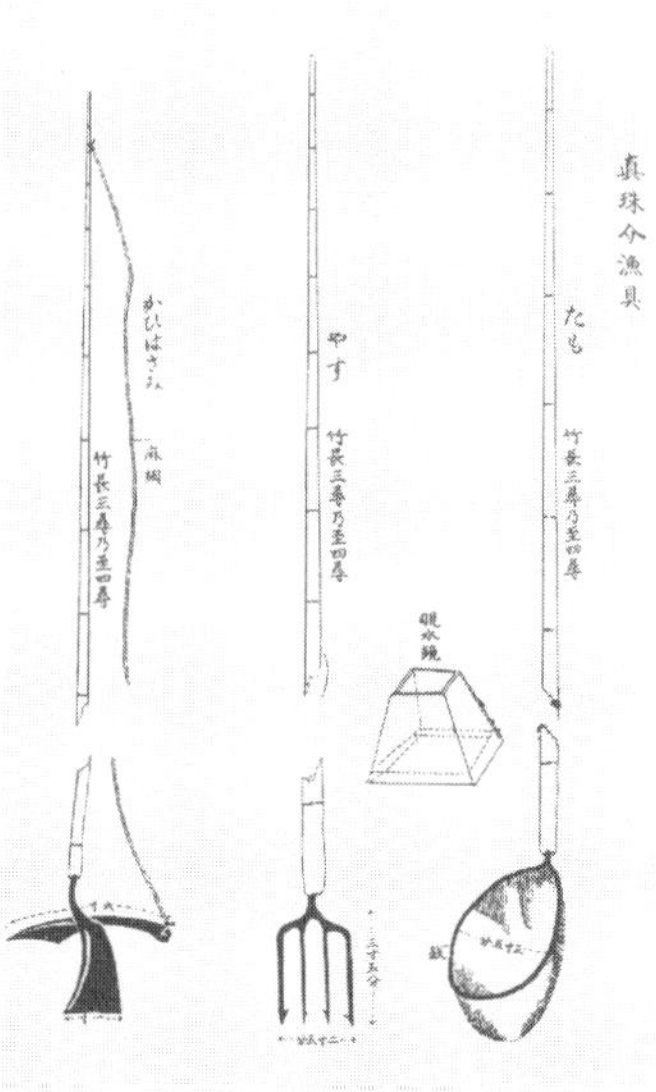

三重県科学技術振興センター所蔵『三重県水産試験場事業成蹟第一巻』に掲載された真珠養殖の研究資料（明治38年）。

貞明皇太后（大正天皇の皇后）から贈られたツエをつき、昭和天皇をお迎えする。昭和26（1951）年11月24日多徳島にて。

いました。それゆえ、このような被害を受けたことは大きな痛手でした。けれども、幸吉は、再興を期して資金作りに奔走しました。従前通り妻うめに支えられながら家業のうどん屋を続けるとともに、カキやエビの養殖をおこなったり、コンブその他の海産物の改良のために北海道に渡ったりしたほか、鉄道事業にも関わっています。その一方で、明治二十六年四月に、シカゴで開催されたコロンブス記念世界博覧会*に、幸吉は、真珠貝の子貝から親貝になる発育順序を示す実物のアルコール漬け標本と、天然真珠とを出品陳列しました。養殖事業のメドが立たず、資金繰りに追われるなかで、あえて出品を決意したのは、ミキモトというブランドを創出するうえで実に大胆かつ見事な戦略といえます。

そもそもルイ・ヴィトンやエルメスが世界的ブランドにまで成長したのは、皇室との結びつきからもたらされる信用に加えて、博覧会での受賞が大きく貢献しています。さらに、シャネルのようにメディアを通じて自らを伝説化することに幸吉が熱心であったことにも、後に触れます。幸吉もまた、知ってか知らずかフランスのブランドと同じ道を目指したのです。幸吉を起業家としての成功に導いた要因としては、以上のような野心とそれを実現するための商略、そして堅忍不抜の精神が何よりも重要だったといってよさそうです。

コロンブス記念世界博覧会
明治二十六（一八九三）年のシカゴ万国博覧会。コロンブスのアメリカ大陸発見四〇〇周年を記念して催された。

多徳養殖場にて昭和天皇の皇后・香淳皇后を迎える御木本幸吉(昭和29年)。

半円真珠は文字通り半球体で、2つ合わせることで円球にすることができる。幸吉は、半円真珠の養殖に成功するが、真円真珠の養殖への糸口はなかなかつかめなかった。写真は真円真珠。

第三章　真珠王への道

一、真珠養殖の事業化

艱難辛苦の末の成功

明治二十六（一八九三）年七月、とうとう幸吉の熱意と努力が報われることになりました。幸吉とうめが鳥羽浦相島で実験のために施術した貝を、いつものように引き上げ、検査にとりかかると、うめの開いた貝の中から半円真珠が出てきたのです。このとき半円真珠を生み出したのは五個の真珠貝にすぎなかったのですが、ようやく養殖の見込みが立ったという意味で、画期的な瞬間でした。

幸吉は、ただちに大規模な養殖場の確保に乗り出し、英虞湾内の田徳島（現、多徳島）を中心とする海域を最適地と認めました。田徳島は無人島でしたが、神明村*の承諾が必要でした。幸吉が借り切ってしまうと、古くからおこなわれていた同島周辺の漁労をすべて停止しなければならなくなるからです。そのため、村民は猛反対しました。

幸吉は、神明村に居住して自ら村民となり、村の集会には必ず参加し、雨乞い踊りや

神明村 現在の志摩市阿児町神明。

アワビ、アコヤ貝（写真）から生まれる本真珠のほかに、貝の種類によって生まれる真珠は異なる。

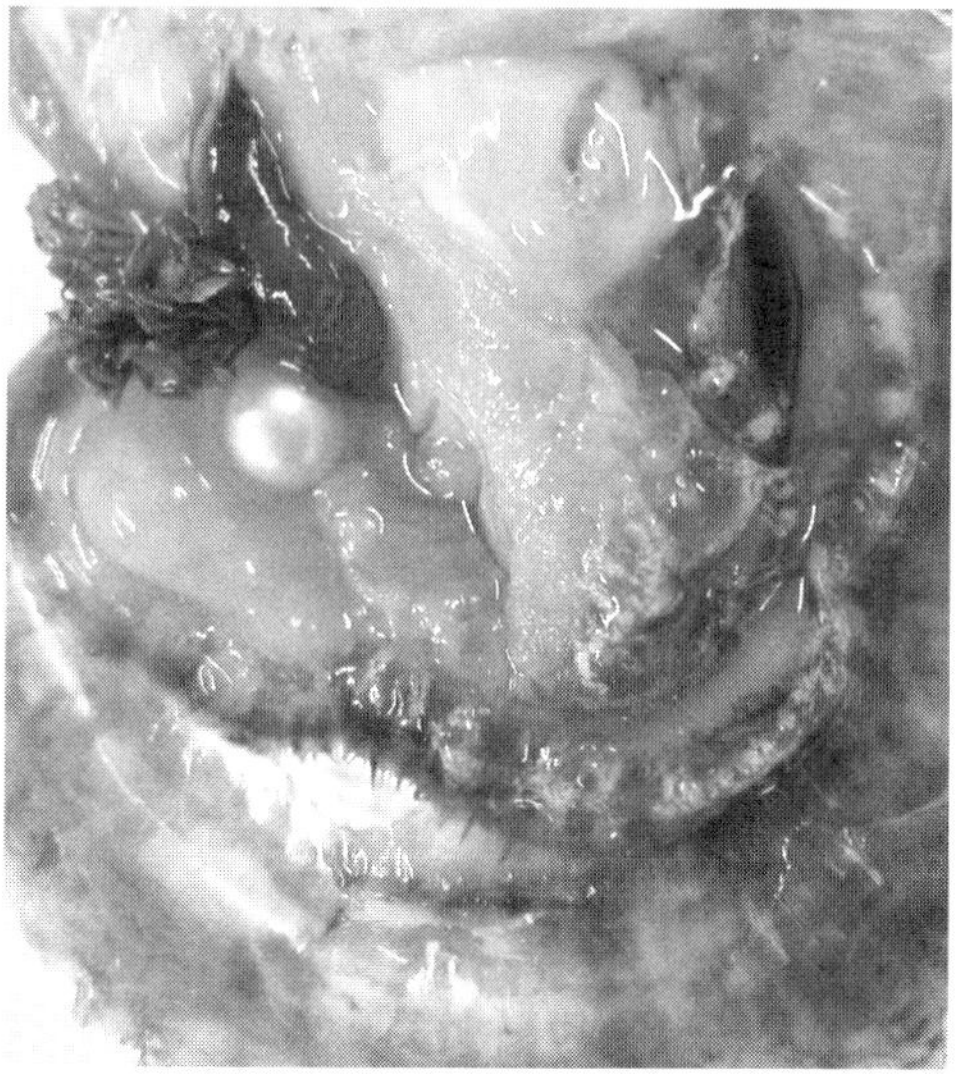

貝が異物を飲み込み、それを核とし、分泌物から真珠層が形成される。採取できる良質な真珠は全体の数十パーセントにしかならないと言われる。

盆踊りにも加わって村民との親睦を図りました。そのため次第に村民から親しまれて、養殖事業に対する理解と信頼を得たのです。かくして明治二十六年十月、海女その他の労働力は村民に依存すること、真珠貝も神明村から購入するという条件で、田徳島とその周辺の漁場の租借が実現しました。幸吉は島内を切り開いて、妻うめや弟などとともに、鳥羽から移住しました。明治二十七年九月には、養殖技術の特許を出願するとともに、翌二十八年四月に、施術した真珠貝を田徳島ではじめて放養しました。特許は同二十九年一月に許可されます。「御木本式真珠」*と呼ばれた半円真珠の特許です。これを機に幸吉は、真珠養殖事業の資金を獲得するために続けてきた家業のうどん屋や他の海産物の改良・養殖などの兼業をいっさい停止して、真珠養殖と真珠売買に専念することを決意しました。

こうして特許を得て、真珠養殖に邁進しようとしたそのとき、妻うめが三十二歳の若さで病死してしまいました。明治二十九年四月のことでした。種々の事業の手伝い、子育てなど「内助の功」という言葉では言い尽くせぬほどの献身を見せたうめの死が、幸吉に与えた打撃は計り知れません。その労苦に報いようと、幸吉は生涯にわたって後妻を迎えず、真珠の養殖事業と子育てに精力を注いだのでした。

御木本式真珠
半円養殖技術の特許二六七〇号「真珠素質被着法」に当たる。一方で、半球ではなく真円真珠の養殖技術については、後述する西川藤吉と見瀬辰平が成功し、それぞれ一九一七年（真珠形成法、大正六年）、一九二〇年（球形真珠形成法、大正九年）に特許を取得している。

派手な言動でメディアを賑わせた幸吉だったが、真珠養殖の成功の陰には地道な努力があった。

図表1　半円真珠の生産（明治33〜37年）

	個数	金額（円）
明治33年	4,200	8,400
34年	5,500	16,500
35年	6,500	26,000
36年	7,500	37,500
37年	11,000	66,000

出典：『御木本真珠発明一〇〇年史』。

真珠取引の急成長

幸吉の真珠養殖技術は、その後進歩し、施術法を簡易化して大量の真珠貝に処置を施すことができるようになり、核の付着率も七割という高水準に達しました。とはいえ、真珠貝の加工放養から真珠の採取まで約四年間もの歳月を要するため、それまでは真珠の養殖事業からの収入は皆無です。天然真珠の取引から得る収入が主な財源となっていたようです。

幸吉の事業に好意から出資を申し込む者も現れてきました。けれども、幸吉は出資の申し入れに対し、謝意を表しつつもすべて辞退しています。この後、事業の規模が拡大しても、幸吉は銀行からさえ融資を受けず、昭和二十四（一九四九）年まで個人経営に徹しました。事業の独占を目論んだためと考えてよいでしょう。もちろん、技術的な面では箕作博士や岸上博士などからは引き続き指導・助言を受けていました。

明治三十一（一八九八）年十二月、田徳島で同二十八年にはじめて加工・放養した真珠貝を採取し、期待通りの成果を得ました。採取した半円真珠の中から三個を選んで明治天皇に献上し、残りを売り出すことにしました。

明治三十三年四月に第二回の採取をおこなっています。このときは浜上げされた半円真珠のうち約二十パーセント、四二〇〇個を選りすぐり販売しています。一個二円と値付けしたので、生産額は八四〇〇円となります。これ以降、半円真珠の生産高は順調に伸び、三十七年にはついに一万個を超えました。並行して、明治三十二年に開店した東京の真珠販売店（後述）の売り上げも順調に増加しました（図表1・2）。ただし、半円真珠の養殖成功によって、以前から手がけていた天然真珠の取引もかなり伸びていたはずです。言い換えると、養殖の成功は大きな宣伝効果を持ち、御木本の天然真珠の販売増加をも促したと見られます。

図表2　養殖売上高（明治35〜大正2年）

	売上高（円）
明治35年	28,800
36年	41,000
37年	51,700
38年	63,500
39年	104,700
40年	131,600
41年	164,500
42年	175,600
43年	206,200
44年	不明
45年	355,000
大正 2年	413,500

出典：『御木本真珠発明一〇〇年史』。

二、ブランドの確立

博覧会への出品

養殖の成功と同時に、幸吉は養殖真珠の名を広めることに精力を注いでいます。〈養殖〉は〈天然〉よりも劣るという偏見があったため、何

明治政府は殖産興業政策のため内国勧業博覧会を開催した。写真は第5回の全景。第1回～3回は東京上野、第4回は京都、第5回は大阪天王寺と堺市を会場に開かれた。

とかその偏見を払拭して、ブランドとしての信用力を確保しようと、躍起になっていたのでしょう。皇室や学者との結びつきから権威と信用を授けられることに絶えず腐心するとともに、精力的な宣伝活動を積み重ねたのです。そうした必死の努力が実を結んで、養殖真珠が天然真珠と変わらないことを広く世に知らしめ、「ミキモト」というブランドが内外で定着し、幸吉の〈真珠発明物語〉が伝説化することに成功したのです。

こうした内外での〈宣伝〉に大いに役立ったのが、前述した皇室との結びつきでした。幸吉の真珠輸出は当初、振るいませんでしたが、明治三十五（一九〇二）年に小松宮彰仁親王*が渡英の際に、土産品として幸吉から真珠を買い上げ、各方面に贈呈したのが、海外で広く知られるようになるきっかけとなったのです。

内外の博覧会への出品に力を入れ、その度ごとに褒賞を授与されたこともまた、重要な宣伝活動として銘

第5回内国勧業博覧会の様子。写真は日本初の本格的な水族館を楽しむ人々。水族館だけでも8万人が訪れる大規模な博覧会だった。

記されねばなりません。前述の明治二十三年の第三回内国勧業博覧会出品の後も、国内はもとより海外の博覧会にも、ほぼ毎年のように出品しました（図表3）。出品作品も、「五重塔」（真珠約二十三万個使用）や「ワシントン生家」（真珠約二万四〇〇〇個使用）など、人々を驚かせるようなものばかりでした。やがて幸吉は、「博覧会男」と呼ばれることとなります。

幸吉がどこまで知っていたのか定かではありませんが、十九世紀後半にフランスが頻繁に開いた万国博覧会の展示物のなかで、とくに重視されたのが工芸品で、ジュエリー、銀器、置物などでした。そのため、十九世紀後半にはパリでは多くのジュエリー・デザイナーが登場し、宝石店も成長しました。カルティエもそのひとつです。ティファニーは、一八六七年のパリ博でアメリカの企業としてはじめて優秀賞を受賞しています。御木本も、王侯貴族の愛顧を得るのに腐心するとともに博覧会への出品に努めるという、カルティエや

図表3　海外博覧会への出品陳列

開催年	名称	国名	受賞
明治　26年	シカゴ市コロンブス博覧会	アメリカ	銀牌
31年	万国水産博覧会	ノルウェー	銀牌
33年	パリ万国博覧会	フランス	銀牌
35年	ロシア博覧会	ロシア	金牌
37年	セントルイス万国博覧会	アメリカ	名誉大賞牌
38年	ポートランド万国博覧会	アメリカ	金牌
	リェージュ万国博覧会	ベルギー	名誉大賞牌
39年	ミラノ万国博覧会	イタリア	名誉大賞牌
41年	ロシア万国美術工芸博覧会	ロシア	小金牌
42年	アラスカ・ユーコン太平洋博覧会	アメリカ	大賞牌
43年	日英博覧会	イギリス	名誉大賞
	チリ万国博覧会	チリ	
	ブリュッセル万国博覧会	ベルギー	
44年	美術産業万国博覧会	イタリア	
大正　4年	パナマ太平洋国際博覧会	アメリカ	名誉大賞牌
	パナマ・カリフォルニア博覧会	アメリカ	
12〜13年	ブラジル万国博覧会	ブラジル	
15年	フィラデルフィア万国博覧会	アメリカ	
昭和　8年	シカゴ万国博覧会	アメリカ	
12年	パリ万国博覧会	フランス	
14年	ニューヨーク万国博覧会	アメリカ	

参考：『御木本真珠発明一〇〇年史』。

ティファニーと同じ戦略を取っていたのです。

明治三十二年三月には銀座裏の弥左衛門町で、幸吉は天然真珠と半円養殖真珠の販売のための小さな店を借り入れました。この時点では、養殖で生み出される真珠が半円であるため、加工したうえで販売する必要がありました。また、養殖真珠は天然真珠とは別物という誤解もあり、販売業者に買い叩かれる恐れがあったのです。そこで世人の誤解をただし、買い叩きを防ぐために、直営店を通じて販売することにしたのです。そのため、この販売店では、来客に対して養殖真珠について詳細に説明することに努めていました。また同三十三年には、アメリカで信用を高めていたモリムラ・ブラザーズが、御木本幸吉の養殖真珠を一手に販売することになりました。

ちなみに、東京の販売店は、当初、銀座の裏通りにある貧相な店舗だったのですが、明治三十六年には大通りに移転しています。大通りへの進出が、御木本の企業イメージを高めるのに寄与したことはいうまでもありません。

小松宮彰仁親王
小松宮彰仁（あきひと）親王。皇族。軍務や国際親善、社会事業などに尽力。弘化三（一八四六）年～明治三十六（一九〇三）年。

大正15年、フィラデルフィアで開催された万国博覧会には「五重塔」が出品された。

メディアが生んだ〈真珠王〉伝説

二十世紀を特徴づける社会経済の変化のひとつが、新聞、雑誌、ラジオ、テレビといったマス・メディアの発達です。ブランドとして成功の鍵となったのは、そうしたメディアが創り出すセレブを、顧客にしうるかどうかでした。もはや十九世紀のように、王室や貴族の御用達は大き

関東大震災後、再建された銀座の表通りに面した御木本真珠店。（大林日出雄『御木本幸吉』より）。

な問題ではなくなり始めたからです。そのメディアが自らの伝説を紡ぎ出したことが、アメリカを中心に大衆の間にシャネルというブランドが浸透した一因であることは、よく知られた事実です。

幸吉もまた、メディアを巧妙に利用しました。「広告より記事に書かれたほうが数十倍、数百倍もの効果がある」というのが、幸吉の新聞利用の効能に対する認識でした。たとえば明治三十六（一九〇三）年、大阪における第五回内国勧業博覧会の開催中、幸吉が出品した真珠および真珠製品が盗難の被害を受けました。幸吉は新聞紙に広告を出し、被害品の発見者には、すべて一品につき百円の謝礼を呈する旨を告げたのです。これが評判にならないわけがありません。結局、盗人は警察に捕まりましたので、幸吉は予定していた謝礼金を警察関係方面に寄付したということです。明らかに新聞の記事に取り上げられることを狙った広告といえましょう。

山高帽子にマント、ツエがトレードマークだった。

昭和天皇をお迎えする幸吉。豪放な性格の幸吉は、天皇陛下を「あなた」と呼び、幸吉に親近感を覚えた陛下も、翁に「お元気ですか」と声をかけたという。

明治三十七年には、アメリカの新聞『ニューヨーク・ヘラルド』に、一ページ全面で幸吉の養殖事業が取り上げられました。まだ、半円真珠しか養殖しておらず、真円真珠の養殖に成功する前ですから、アメリカに派遣していた後述の真珠店主任の斎藤信吉や久米武夫（幸吉の義弟）を通じて、同紙に売り込んだに違いありません。

メディアが飛びつきそうな大言壮語も、ことあるごとに吐いています。有名な逸話があります。明治三十八年、日露戦争の講和条約が調印されると、明治天皇はその奉告のために伊勢神宮に親拝されることになりました。この行幸の際に、明治天皇に拝謁することができた幸吉は、「世界中の女の首を真珠でしめてごらんにいれます」と大見得を切ったそうです。これは幸吉が好んで語った言葉ですが、明治天皇への言上は、週刊誌における徳川夢声*との対談のなかで自ら披露したエピソードなので、事実かどうかは定かではありません。はっきりしているのは、この言葉やエピソードがメディアを通じて喧伝され、〈発明家〉幸吉の伝説化に貢献したことです。

幸吉のイメージ戦略

しかし、メディアや有名人の利用だけに目を奪われるのは誤りです。いかに宣伝しようとも、肝心の品質が十分なレベルに達していなければ、目先の利益だけで終わり、いずれ信用を失ってしまうからです。森村市左衛門と同じく、品質改善や品質管理に相応の努力を払わねば、ミキモトが世界に知れわたるブランドとなるはずがなかったというべきです。実際、不良品をことごとく幸吉が廃棄していたことは強調しておかねばなりません。

幸吉自身の言葉を引用すると、「僕は養殖真珠の方法については、ずいぶん苦心したが、しかし、その売り方に対する苦心もこれに劣らない。……僕は養殖真珠をはじめて売り出したときから、その商略についていろいろ考えた。そして採取した真珠の十分の二以上は市場に出さないことにした」。三円以上の真珠だけを販売し、それ以下の不良品は廃棄したからです。値引き要求にも、いっさい応じませんでした。銀座店を訪れた

徳川夢声
創成期のラジオ・テレビにおいて弁士、俳優、作家など幅広い分野で活躍したタレント。

図表4　御木本真珠店の来客数

		日本人			外国人			合計
		男	女	計	男	女	計	
明治45年	(人)	951	1,288	2,239	1,428	1,701	3,129	5,368
	(%)	17.7	24.0	41.7	26.6	31.7	58.3	100.0
大正 2年	(人)	1,164	1,748	2,912	2,534	3,099	5,633	8,545
	(%)	13.6	20.5	34.1	29.7	36.3	65.9	100.0

出典：乙竹岩造『御木本幸吉』。

外国人の「価格が高すぎる」という不満にも、幸吉は「そんなに高いと思うのなら買わないで帰ったほうがよかろう」と、いっさい取り合わなかったそうです。

当時は、ややもすれば、夜店で売られる安手の模造真珠と養殖真珠を同一視する世人の先入観や偏見が完全には払拭されていなかったからです。そのため、先のような強気の商略は、「御木本」の信用と知名度を定着させることに有効でした。真珠といっても、この時期の養殖では安価な半円真珠しか生み出せなかったので、天然の真円真珠の取引が売上高に占める比重はかなり大きかったと推測されますが、天然真珠も含めて、真珠販売業者としての御木本の声価は、このようにして高められたのでした。

明治四十五（一九一二）年と大正二（一九一三）年に御木本の銀座店を訪れた来客の内訳を見ると（図表4）、六十〜七十パーセントが外国人であり、海外における御木本の知名度やその評判がすでに相当高かったことが窺われます。日本を訪れた外国人観光客が土産・記念品を買いによく立ち寄る店は、東京では雑貨の三越*、絹織物の高島屋*、七宝*の安藤*、そして真珠の御木本だったそうです。このように〈ミキモト・パール〉というブランド・イメージが外国人の間に浸透し始めたことが、これ以後の御木本の経営の土台になったといっても過言ではないでしょう。

貴金属加工工場の建設

以上のような華々しい宣伝活動とともに、幸吉の布石として見逃せないのが、真珠だけでなく、貴金属加工工場の経営にも乗り出したことです。

明治三十六（一九〇三）年に、東京の芝区三田（現、港区三田）で金銀飾職を営んでいた市川源次郎の工場を京橋区築地（現、中央区築地）に移転させ、専属の下請工場としたのです。同四十年、御木本真珠店が図案室を新設するとともに、同工場を買収し「御木本金細工工場」（後、「御木本真珠店貴金属工場」と改称）と名付けています。職工は七名、事務員一名という小工場でした。翌四十一年には、銀座の真珠店に近い麹町の内幸町に移されました。大正三（一九一四）年に作成された報告書によれば、同工場の職工数は六十五人だそうですから、かなり大規模な工場に成長しています。こうして生産（養殖場）―意匠（図案室）―加工（細工工場）―販売（真珠店）という一貫体制ができあがったのです。

真珠だけの販売よりも装身具に加工したほうがはるかに高値で取引されることはいう

三越

延宝元（一六七三）年に三井高利（三井家の家祖）が「越後屋」として開いた呉服店がはじまり。明治三十七（一九〇四）年に「デパートメントストア宣言」をおこない、日本で最初の百貨店となる。現在の商号「三越」は「三井家」と「越後屋」の頭文字からつけられた。

高島屋

百貨店の高島屋。飯田新七が天保二（一八三一）年、京都に開いた古着・木綿商「高島屋飯田呉服店」がそのはじまり。屋号の「高島」は飯田の養父の出生地「近江国高島郡（現在の滋賀県高島市）」からとられた。明治三十年から現在に至るまで、宮内庁御用達として、織物を納めている。

御木本真珠は明治41年より五ヶ所浦（現、南伊勢町）に養殖所を創設し、大正11年から昭和11年にかけて、五ヶ所湾（写真）は御木本真珠における真珠養殖の中心的存在となった。

までもありませんが、貴金属工場の経営に乗り出した直接の契機は、前述の小松宮親王が渡英の際に同行した調度局長が、パリで御木本の養殖真珠により製作された見事な細工品を見つけ、そのことを帰国後、幸吉に語るとともに、真珠を用いた細工品の輸出を勧めたことにありました。

明治三十六年に幸吉は、第五回内国勧業博覧会に真珠を用いた細工品をはじめて出品しました。出品作は、市川源次郎をはじめ伝統的な飾職人によるものでしたが、外国人向きでないため、その後、製品の洋風化が進められました。この方針転換は、森村組・日本陶器とよく似ています。伝統的な日本風のデザインでは、最初は外国人に物珍しがられても、それだけでは販路の拡大を続けることができなかったからでしょう。

七宝
七宝（しっぽう）焼き。金属の表面にガラス質の釉薬を焼きつける工芸技法。

安藤
名古屋に本社を置く安藤七宝店。明治十三（一八八〇）年創業。一九〇〇年パリ万博の金牌など海外・国内で多くの賞を受賞。明治三十三年には宮内省御用達を拝命。

なお、細工工場では、製作のかたわら技術者の養成もおこなっており、やがて彼らが独立し、先端的な貴金属製作技術の普及に寄与していくことになります。

海外情報の吸収

海外の情報を探るために、幸吉はさまざまな手を打ち、入手した情報を御木本の経営に活かしています。

まず明治三十七（一九〇四）年、セントルイス万国博覧会出品に伴って派遣した真珠店主任斎藤信吉に、博覧会終了後、アメリカ各地を回らせ、とくにニューヨークでは、ティファニーをはじめ有名宝飾店の経営をつぶさに調査させました。後に斎藤は、御木本真珠店の経営について「その装飾から意匠、陳列などすべてアメリカでの調査研究に基づいて自分の考えでやった」と語っています。なお、斎藤信吉は、幸吉の実弟で、一歳で斎藤家の養子となっていましたが、二十歳のときに幸吉の養殖場で働くようになり、明治三十二年に真珠店に移りました。

明治三十三年に真珠店に入店した久米武夫には、明治三十八年から一年間、モリムラ・ブラザーズで真珠市場の開拓について調査をさせています。さらに、海外経験の豊かな小林力哉を海外市場の調査のために、明治四十一～大正四（一九一五）年にロンドン・パリに滞在させました。小林はロンドンではガラード*やアスプレー*、パリではカルティエやショーメ*といった有名宝石店を見て歩き、宝飾品・装身具の見本や文献を日本に送りました。

明治四十三年には、ロンドンの宝石商のサミュエル・ジョーンズと契約を結び、代理店を設けるとともに、欧米の貴金属技術を視察・研究していた東京高等工業学校*（後、東京工業大学）教員の小林豊造*を第二代細工工場長として迎え、さらに工場内に図案室も設けています。幸吉は工場長に就任した小林を、装身具技術の視察とデザインの研究のために、ただちに欧米に派遣しました。また、欧米から美術雑誌も頻繁に取り寄せていました。

以上のように、海外における最新の流行の意匠・図案、先端技術、さらに一流店の経営面に関する情報を貪欲に吸収しようとしたのです。森村組といい御木本といい、海外の情報を入手するのに労力や資金を惜しまず、また、海外情報を積極的に経営や販売に活用する点が共通しています。こうして海外の流行や技術を精力的に吸収したことが、評価を高め、輸出を拡大する一因となったことは疑いようがありません。

なお、明治四十一年にはカタログを発行しています。カタログは英文でも発行され、海外からの注文生産のシステムも整えられたのです。

ガラード
英国王室御用達の宝飾商。一七三五年創業。

アスプレー
一七八一年に創業したイギリスの宝石商。

ショーメ
一七八〇年創業の宝石店。ナポレオン御用達の店としても知られる。

東京高等工業学校
明治十四年に「東京職工学校」として設立され、明治二十三年に「東京工業学校」、明治三十四年「東京高等工業学校」、昭和四年に「東京工業大学」に改称された。

小林豊造
文芸批評家の小林秀雄の父。

三、真珠養殖業の急成長

真円真珠の可能性

明治三十一（一八九八）年以降、幸吉の養殖事業の発展は目覚ましかったのですが、当時の養殖真珠は半円真珠で、天然真珠のような真円真珠ではありませんでした。半円真珠を装身具に使用する場合は、二個を貼り合わせたり、他の貝殻で裏張りしたりしなければならないのです。幸吉は、明治三十一年から半円真珠と真円真珠の両方の核を母貝に挿入していましたが、安価で採算が取れないような小粒の真円真珠しかできませんでした。貴金属工場の経営が軌道に乗り海外で養殖真珠の評価が高まったのも、大粒の真円真珠の養殖に成功したことが前提となっています。

真円真珠の養殖が成功した契機は、赤潮による惨害でした。明治三十八年、赤潮によって養殖真珠貝一〇〇万個中、八十五万個までが死滅してしまうほどの大被害を受けたのです。さすがに強気の幸吉も、このときばかりは失意にうち沈み、毎日実験所に閉じこもって死んだ貝を次から次へと開くばかりでした。

しかしながら、その残骸の中から天然真珠と同様の大粒の真円真珠が五個現れたので

「国益のため」という想いから、真珠養殖に尽力した西川藤吉（大林日出雄『御木本幸吉』より）。

晩年の桑原乙吉（大林日出雄『御木本幸吉』より）。

す。いずれも、紛れもなく加工養殖した実験母貝から出てきたのです。幸吉の女婿西川藤吉《にしかわとうきち》、ならびに御木本養殖場の研究部に属した桑原乙吉《くわはらおときち》に来援を乞い、以後、二人が研究を進めました。その結果、ついに念願の真円真珠形成法が確立され、明治三十九年に特許を申請し、四十一年に登録されたのです。真円真珠の形成を実現させるうえで、この二人の功績、とくに桑原の貢献は特筆大書に値するものでした。

西川藤吉と桑原乙吉

西川藤吉は明治七（一八七四）年に大阪で生まれ、東京帝国大学を経て、農商務省水産局技師となり、在学中より前出の箕作佳吉、飯島魁《いいじまいさお》*両博士の指導を受けながら、真円真珠の養殖とアワビの人工授精の研究を進めていました。明治三十六年、幸吉の次女と結婚、前述のように同三十八年に赤潮による大被害の際に来

西川藤吉が真珠養殖研究をおこなった帝国大学（現、東京大学）三崎臨海実験所。同実験所は、箕作佳吉教授、飯島魁教授らの尽力により、明治20年に設立され、日本動物学の出発点ともなった。

援したのを機に、御木本養殖場の研究所で真円真珠の養殖法の研究に従事するようになり、真珠の養殖法を確立しました。その養殖法には産出率、品質などの改良の余地があったものの、御木本に勤務していた前出の久米武夫は、「真円真珠の発明の起源を遡るとき、この前人未踏の一偉業を完成せしめたのは西川藤吉氏である」とその著書に記しています。

桑原乙吉は慶応三（一八六七）年、三重県で生まれました。歯科医師となり、明治三十一年に鳥羽で開業しています。幸吉の義弟久米難太郎が桑原の患者であったことから、幸吉の養殖場に迎えられました。歯科医の知識と技術が、貝に核を挿入する真珠養殖に応用できると考えられたからです。三十五年には歯科医を廃業し、正式に御木本養殖場に勤務するようになりました。

明治四十年、桑原が発明した「三十八年式」または「明治式」と呼ばれる真円真珠形成法に特許が与えられました。この方法はその後改善され、大正三（一九一六）年、同じく桑原の手になる「全巻式」または「内蔵式」で幸吉は特許を得ています。

ただし、幸吉以外にも、真円真珠の養殖技術の研究を進める者がおり、その中から「誘導式」（見瀬辰平）という「全巻式」とは異なる優れた養殖技術も登場しました。さらに、御木本を離れた西川藤吉が新たに特許を取得した「西川式」という技術もあります。このように複数の養殖技術が開発されたため、真珠養殖は御木本の独占事業とはなりませんでした。すなわち、御木本以外の養殖業者は「誘導式」や「西川式」を採用し、「反御木本派」を結成したのです。しかし、いずれの方法も改良すべき点が多く、養殖真珠の本格的な生産は昭和まで待たねばなりませんでした。

西川藤吉（上：中央／下：後列右から2番目）（久留太郎『真珠の発明者は誰か？ 西川藤吉と東大プロジェクト』より）。

飯島魁
東京帝国大学教授。三崎臨海実験所第二代所長。日本の近代動物学の基礎を築いた動物学者。海綿、鳥・寄生虫に関する研究などをおこなった。大正七（一九一八）年に『動物学提要』を発表。

三崎臨海実験所第2代所長を務めた飯島魁教授（明治37～大正10年）。

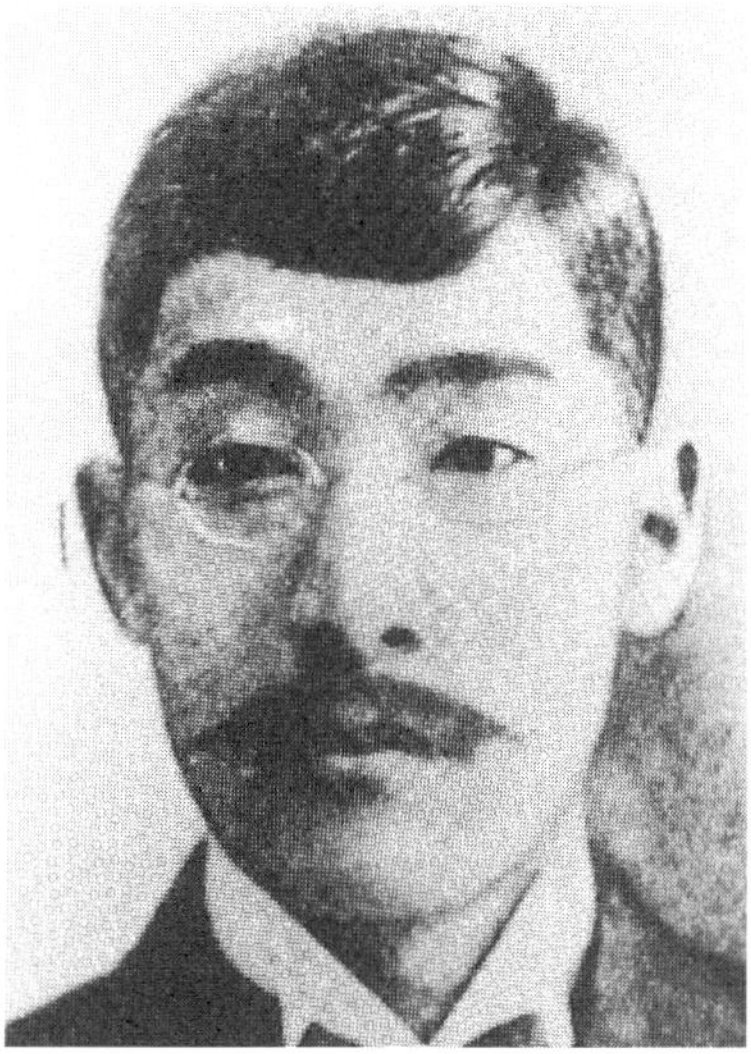

見瀬辰平。西川藤吉とほぼ同じ時期（明治33年）に真円真珠養殖に成功した。

養殖真珠の真贋論争

このように真円真珠の養殖技術の開発において、幸吉は本来の発明者とはいえず、その貢献者にとどまります。その幸吉の起業家としての最大の成功要因は、皇室や学者との結びつき、博覧会、メディアの利用を通じて、自らを〈真珠養殖法の発明者〉として売り出し、「ミキモト」というブランドを内外に浸透させたことにあります。

さらに海外における養殖真珠の〈真贋〉論争もまた、養殖真珠への一般の理解と信用を深めるのに貢献しました。御木本の真円真珠がロンドン市場に登場したのは大正八（一九一九）年です。天然真珠よりも割安で販売されたため、欧州の宝石商は慌てました。同十年にはロンドンの夕刊紙『スター』が「天然真珠と見分けがつかない……詐欺の真珠」と書き立てました。

真珠養殖功労者の西川藤吉、御木本幸吉、見瀬辰平の偉業を称え、建立された真円真珠発明者頌徳碑。賢島の円山公園（志摩市阿児町神明）にある。

『ロンドン・タイムズ』*は天然と養殖に差異がないことを指摘していたものの、騒ぎは広がり、パリにも伝わります。この間、幸吉は、一歩も引かず、養殖真珠が天然真珠と同等の価値を持つことを堂々と主張しました。しかし、フランスでは商工会議所を中心にミキモト・パールの輸入禁止運動が生じ、騒動は英、仏の宝石商により裁判にまで発展しました。

裁判ではオックスフォード大学のリスター・ジェームソン博士、ボルドー大学のH・L・ブータン教授などの権威者が御木本側の証人となり、天然と養殖の違いは中心核の挿入方法にすぎず、真珠層そのものに相違がないことを証言しました。動物学者でスタンフォード大学の総長であったダビッド・ジョルダンも、両者は同一の価値を持つと御木本を援護した結果、イギリスでは裁判が取り下げられました。さらに御木本のフランス代理店のシリアン・ポールは、不当な輸入禁止を民事裁判に訴え、大正十三年以降、真円真珠に

「養殖」という語を付す必要がないとの判決を取りつけました。

なお、この大正十三年には、念願の「宮内省御用達」*通称標が認められています。名実ともにロイヤル・ブランドとなったのです。

海外支店の開設

博覧会への出品などを通じて、すでに明治末・大正初頭において御木本に対する海外の評価がかなり高くなっていたことは、すでに述べましたが、大正時代における〈真贋論争〉を通じて、御木本の養殖真珠の声価は揺るぎないものになったといっても過言ではないでしょう。事実、昭和のはじめともなると、御木本は生産額の約七割を輸出していたそうです。

そもそも有望な外貨獲得産業の可能性を持つ真珠養殖事業には、早くから政府が期待を寄せていました。明治三十二（一八九九）年十月には、農商務大臣曽禰荒助《そねあらすけ》が田徳島の養殖場を視察しています。幸吉の真珠養殖事業を、将来有望な輸出産業として政府が高く評価していたことを如実に示す事実といえます。ちなみに、田徳島はこのときの曽禰の勧めで「多徳島」（徳の多い島の意味）と改名されました。また、御木本の「全巻式」養殖法に対して、大正十五（一九二六）年の帝国発明協会編『御木本養殖真珠調査報告

ロンドン・タイムズ
正式名称は『タイムズ』。アメリカ『ニューヨーク・タイムズ』と区別され、ロンドン・タイムズ、タイムズ・オブ・ロンドンとも呼ばれる。イギリスで一七八五年に創刊された、世界最古の日刊新聞。

宮内省御用達
大日本帝国憲法下において正式に許可されたもののみが名乗れる制度。ちなみに、現在用いられる「宮内庁御用達」という呼称は認可制ではない。

円山公園にある真珠供養塔。アコヤ貝の霊を慰めるため、毎年10月22日にこの塔前で、「真珠供養祭」が開催され、真珠貝供養法要、真珠玉放生、海上パレードなどがおこなわれる。

書』は、「真珠養殖業ハ遂ニ我国ノ最重要ナル養蚕業ト同様ナル将来ヲ有スルニ至レル」という賛辞を贈っています。

しかし、実際に外貨獲得産業としての地位を獲得するためには、さらなる努力が必要でした。そのため、幸吉は精力的に動き回りました。前述のように、裁判にまで発展した〈真贋論争〉では一歩も引かず、また、毎年のように海外の博覧会に真珠の作品を出展しました。大正十五年のフィラデルフィア万博の際には、六十八歳の幸吉が自ら万博を視察するとともに、約十カ月に及ぶ欧米視察の旅に出ました。その際に、渋沢栄一の紹介で発明王エジソンと会談し、〈真珠養殖法の発明家〉として自らをエジソンとアメリカのマスコミに売り込むのに成功しています。さらに立ち寄ったニューヨークでは、当地での支店開設を決意しました。海外支店は、すでにロンドン（大正二年）、上海（同五年）に開いており、ニューヨークは三店目でした。この後、パリ（昭和三年）、ボンベイ（同四年）、ロサンゼルス（同六年）、シカゴ（同八年）、サンフランシスコ（同十二年）と海外の支店網を拡充していきます。

南伊勢町五ヶ所浦の児童公園にある御木本幸吉翁頌徳碑。ちなみに、頌徳（しょうとく）とは徳を称えること。

真珠養殖も三重県外どころか海外にまで広がり、大正十一年に南洋パラオ島に養殖場を開設しています。ちなみに第二次大戦勃発時には、英虞湾その他の三重県下とパラオのほか、長崎県大村湾、石川県七尾湾、和歌山県田辺湾、沖縄県石垣島にも養殖場を所有していました。

世界に通じる加工技術とデザイン

御木本の真珠に対する評価が高まった一因としては、加工技術の向上や真珠を用いた装飾品のデザインに力を入れたことも見逃せません。森村組・日本陶器と同様、御木本でも絶えず海外の流行を注視しながら、最新の技術や独自のデザインを追求しようとする努力を怠らなかったのです。「商機を逸するな」「商売には機先を制せよ」という言葉を口癖にしていた幸吉にとって、世界の流行の最先端を走ろうとすることは、当然の行動だったに違いありません。

前述のように、御木本が貴金属工場の経営に乗り出した当初は、日本風の装身具を生産していましたが、販路をさらに拡大するため、明治四十三（一九一〇）年に、小林豊造を第二代工場長として迎え入れます。小林は加工技術を向上させ、御木本の技術を欧米の水準に近づけることに成功します。細工品にすべて透かし入りの腰張り様式を取り入れるとともに、優雅な宝飾品としてきめ込み*（ミルグレーン）の技術を完成させたのです。

また、宝飾装身具用地金として白金張り15金地金も開発しています。ヨーロッパでは、十九世紀末に白金が本格的に使用され始めましたが、日本の装身具業界では、いまだ18金以上の合金を使用していた時代です。欧米に留学した小林と久米武夫が、イギリスの工学校において研修した成果によるものです。この後、やがて「15金といえば御木本」「御木本といえば15金」と呼ばれるようになりました。

さらに同四十四年には、小林は欧米に派遣され、ベルギーのダイヤモンド研磨工場で研修生となり、宝石用ダイヤモンド原石カットおよび研磨技術の日本人として最初の習得者となります。帰国後、小林はダイヤモンドのカットおよび研磨技術の指導をし、大正五年には、日本ではじめて宝石用ダイヤモンドのブリリアント・カット*に成功しました。

きめ込み
地金の縁に細い連続彫りを施す技法で、ラインの美しさが強調される。

ブリリアント・カット
ダイヤモンドの研磨方法のこと。ベルギーの数学者・宝石職人であるマルセル・トルコフスキーがもっとも美しく輝く型として見い出した。

昭和12年のパリ万国博覧会に出展された帯留「矢車」。帯留のほか、ブローチ、指輪など12通りの使い方ができる多機能ジュエリー。

ミキモト・スタイルの確立

デザイン面でも、斎藤信吉や久米が海外から送ってきた文献を参考にしながら、開発を進め、御木本独自のデザインが創作され始めました。斎藤は新聞記者のインタビューに対して、「第一の必要は図案（デザイン）で、図案には金銭を惜しみなく使う方針」と答えています。どれほどデザインに精力が注がれていたかが、この言葉から容易に窺われます。ここでもまた、最高の製作技術を駆使して流行の先端を走り続けたカルティエやティファニーとの共通点を見い出すことができます。

やがて御木本はアール・ヌーヴォーの影響を受け、植物をデザインした曲線を基調とする作品を発表します。とくに大正期に入ると、それまでの努力、研究が実を結び、御木本の特徴が確立されました。前述のように、御木本の代名詞となった15金を用いたほか、「ケシ定め*」や「スカシ彫り*」などの高度な技法を用いた作品を次々に発表しています。

さらに昭和期になると、直線や黒をモチーフとするアール・デコ様式のデザインが、和装、洋装双方の装身具に取り入れられました。女性の社会進出が著しくなったのに対応して、女性髪型はショートカットが広まり、服装でも、活動的な丈の短いスカートやパンツを売り出したシャネルが流行しました。こうしたファッションの流行は、当然ながらジュエリーのデザインに影響を及ぼし、むしろジュエリー抜きにアール・デコは語れないようになりました。常に時代の要求に応えようとしたカルティエも、アール・デコ様式に転換し、その名声は全世界に広まります。シャネルなどは、わざわざイミテーション・ジュエリーを作り出すという、あざとい演出により、その個性をアピールしたほどです。御木本もまた、そうした時代の変化に対応しながら、御木本の特色を出そうと努めたのです。

ケシ定め
小さな真珠を隙間なくセットする技法のこと。

スカシ彫り
透かし彫り。文字通り、素地のすきまとすきまが彫り貫かれ、向こう側が見える細工、技法のこと。

四、生産の過剰と貿易の停止

戦争の影響

以上のような努力を積み重ねたうえで、幸吉は真珠の輸出を拡大していったのですが、その結果、日本全体の真珠輸出も増加していきました。日本の真珠輸出額がわかるのは昭和十（一九三五）年からです。増加した真珠輸出の実態を政府が正確に把握しようと考え始めたためでしょう。とはいえ、昭和十年〜十三年の輸出額を見ると（図表5）、昭和十年をピークに以後急減し、十三年には十年の半分以下の四十一パーセントとなってしまいます。輸出の減少は戦争によるものでした。十二年に日中戦争が生じ、十三年にはドイツのスロヴァキア侵略や、十四年のイタリアのアルバニア侵略により欧州情勢が不穏となってきます。こうしたなかで日米関係も険悪になり始め、米国内では日増しに日本商品への圧迫が激しくなりました。

実際、輸出の地域別内訳の変化は、こうした戦争の影響を推測させます。まず昭和十年の最大の輸出先はドイツ、それに次ぐのがインドで、両者が輸出の大半を占めています。しかし翌十一年には大きく変化して、最多が中国、次いでアメリカ、ドイツの順になっています。十二年にはアメリカが最多で中国は激減しますが、十三年にはアメリカが激減し、第一位イギリス、第二位インド、第三位フィリピンとなります。なお、国内の真珠生産額に占める輸出額の比率は、昭和十年が六・七パーセントで、以後は輸出の減少にともないその比率も低下していきます（図表6）。

なお、海外での信用が高い御木本では、生産の七割が輸出だったといわれていますが、戦前の国際市場では天然真珠の取引がその多くを占め、養殖真珠を圧倒していました。ちなみに、天然真珠の最大の産地であるペルシャ湾の生産額は、世界の真珠生産の九十パーセント以上を占めていました（図表7）。

業界の拡大と生産者の増加

真珠輸出の増加の一因は、ミキモト・パールと幸吉に対する海外での評判が高まったことと同時に、真珠生産量の増加にもありました。昭和に入ってからの真珠の生産量を見ると（図表8）、昭和六年以降の伸びが急なことに驚かされます。同年の生産量は十一億個でしたが、昭和十三年にはその約十倍の一〇九億個に達しています。これが戦前・戦時期のピークで、その後は戦争の進展とともに急減します。戦時下では、兵器類はもとより一般機械や鉄鋼などの軍需産業が優先的に拡大される一方で、不要不急の真珠事業は縮小を余儀なくされたからです。

生産量とともに業者数も増えています。これは大正期に考案された真珠養殖法が改良を積み重ねて完全に実用化されたことに起因しますが、それだけではありません。御木本で開発された養殖方法を幸吉は特許によって独占しようとしましたが、前述のように、それとは異なる養殖法が考案されて〈反御木本〉陣営の業者に幅広く利用されたからで

図表5　戦前の真珠輸出額　　単位：円

	昭和10年	昭和11年	昭和12年	昭和13年
中華民国	3,960	18,201	3,041	1,617
香港		3,879	3,365	2,677
海峡植民地	657	2,862	6,453	2,677
フィリピン				6,019
インド	40,238		10,603	6,697
セイロン		5,350	6	
イギリス	1,555	3,415	49	9,635
ドイツ	45,703	10,018		851
アメリカ	280	11,886	16,664	2,089
オーストラリア		345	2,904	3,331
その他含む計	93,447	57,985	45,786	38,969

出典：『日本外国貿易年表』各年。

図表6　戦前の真珠の輸出比率

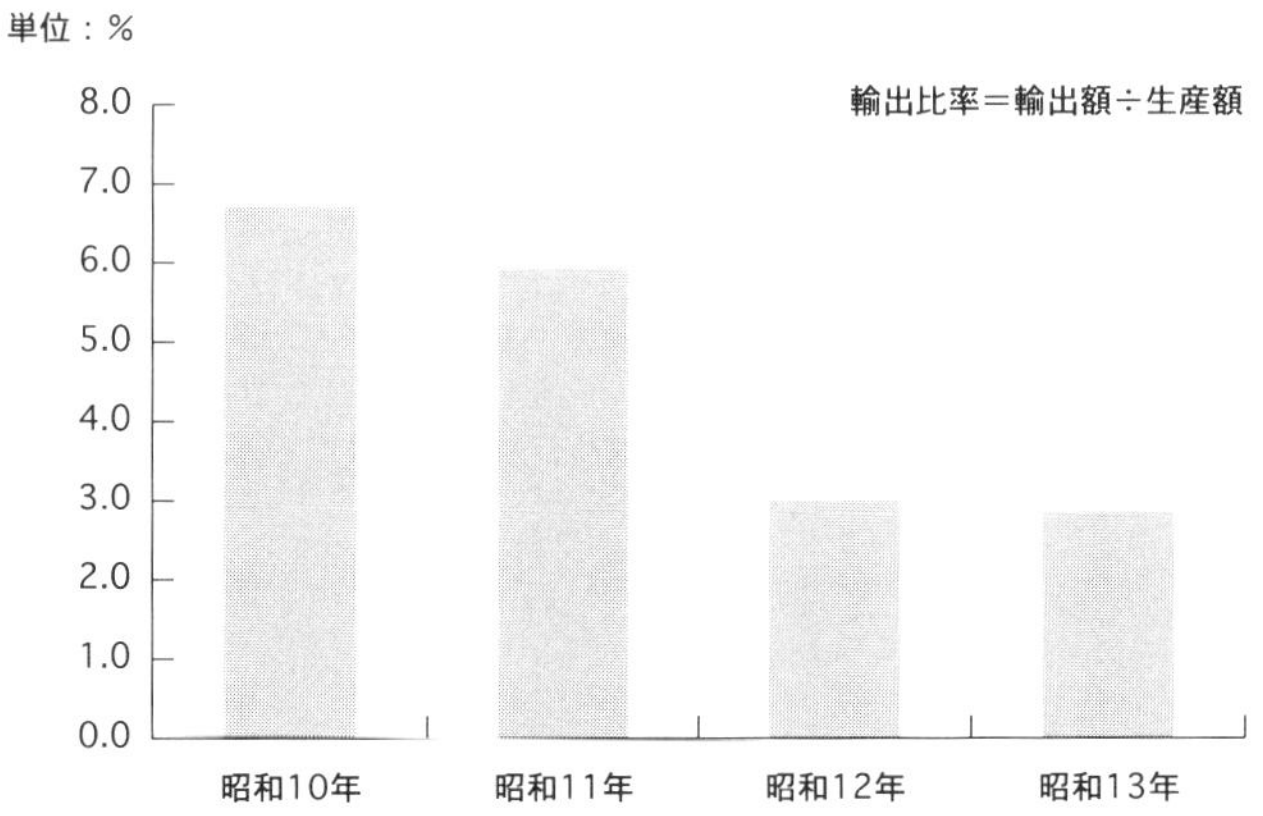

出典：生産額は浦城晋一『真珠の経済的研究』。輸出高は『日本外国貿易年表』各年。

す。要するに、業者が競って生産を増加させ、また、真珠養殖業に参入する業者が次々に現れた結果として、生産が急増したのです。そのため、御木本のシェアはかなり低下したはずです。

施術数のシェアが判明するのは、薬用真珠の生産しか認められていなかった戦時下の昭和十五（一九四〇）・十六両年度だけですが（図表9）、これを見ると、御木本のシェアは十パーセントを下回っています。

図表7　天然真珠の生産額

産地	生産額	
	千円	%
ペルシア湾	24,000	93.1
豪州沿岸	474	1.8
セイロン島	411	1.6
南洋諸島	320	1.2
アメリカ	100	0.4
マレー諸島	100	0.4
メキシコ	80	0.3
日本	70	0.3
パナマ	50	0.2
紅海、アデン湾	40	0.2
インド沿岸	22	0.1
その他含む計	25,782	100.0

注：大正14〜昭和4年の推定。

出典：『真珠ハンドブック』。

生産過剰と市価の下落

こうしたなかで、二つの問題が深刻になってきました。第一に生産過剰により、真珠の市況が大正末期以降、急落し続けたことです（図表10）。たとえば〇・三ミリの一等品三・七グラムの市価を見ると、大正八（一九一九）年に三〇〇円であったのが、同十二年に二〇〇円、昭和三（一九二八）年に八〇円、同七年に二五円、同十四年にはついに三円になり、大正八年の百分の一にまで値下がりしてしまいました。

小粒よりも高価であるはずの大粒の真珠は、それ以上に大きく市価が低落しています。すなわち、三・〇ミリの一等品三・七グラムの市価を見ると、こちらは大正八年の五千円が、昭和三年にはその五パーセントの二五〇円、さらに同十四年には大正八年の千分の一の五円にまで低下しています。生産過剰により市価の崩落は真珠全般に見られましたが、とりわけ比較的価格が高く利ざやの大きい大粒で深刻だったといえましょう。

図8　戦前・戦時期の真珠生産と業者数

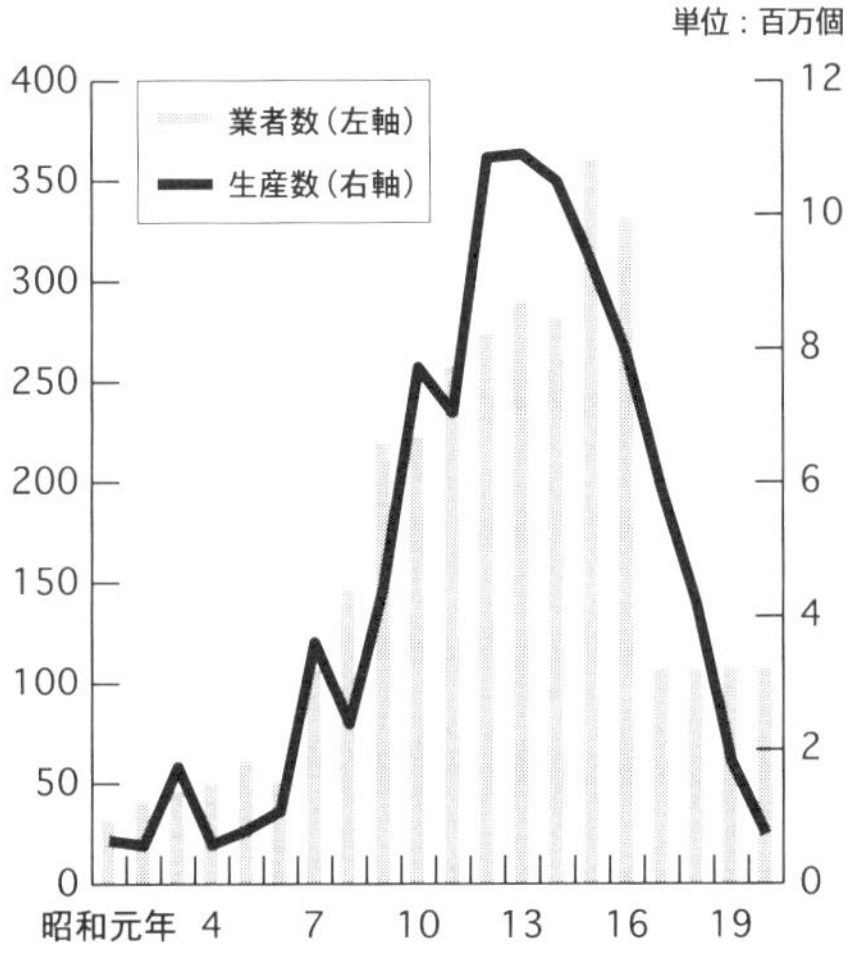

出典：『真珠ハンドブック』。
小田寛「対馬における真珠養殖の発展とその結果」。

こうした市価の下落が、シェアを低下させた御木本だけでなく、真珠業者すべての打撃になったことは容易に想像できます。放置しておけば、共倒れになる恐れがあっ

図表9　施術貝の割合

	昭和15年		昭和16年	
	千個	%	千個	%
御木本	1,919	9.1	1,695	8.5
三重（御木本を除く）	15,972	76.0	15,257	76.5
和歌山	463	2.2	380	1.9
四国	767	3.7	745	3.7
九州	1,890	9.0	1,795	9.0
その他	110	0.5	60	0.3
計	21,012	100.0	19,932	100.0

出典：小関信章「戦前における真珠団体の変遷」。

たのです。それゆえ、生産過剰による市価下落は、真珠業界全体で取り組まねばならない重要な課題だったといえるでしょう。

幸吉への期待

もうひとつの問題は粗悪品の流通でした。図表11が示すように、昭和三（一九二八）年以前から養殖を手がけていた業者に比べると、それ以降、新たに真珠養殖業に参入した業者は比較的経営規模が小さかったのです。

小規模業者のなかには、目先の利益に目がくらみ、養殖期間の短い薄巻きや、不整形といった粗悪真珠を売り捌く者が少なくありませんでした。そうした粗悪品には、海外から批判が浴びせられました。幸吉が不良品を廃棄して安売りをせず、内外における御木本パールの声価を高めたことは前述しましたが、他の業者の不良品販売についても何らかの対策を講じなければ、そうした幸吉の努力が水泡に帰して、日本の養殖真珠に対する信用そのものが全面的に失われる恐れがあったのです。

図表10　真珠1等品3.7グラムの市価　（単位：円）

	大正8年	12年	昭和3年	7年	12年	14年
0.3ミリ	300	200	80	25	6	3
0.6ミリ	700	400	100	25	5	3
0.9ミリ	1,000	700	120	30	4	3
1.2ミリ	1,200	1,000	130	30	4	2.5
1.5ミリ	1,500	1,300	150	30	4	2.5
1.8ミリ	1,800	1,500	150	30	5	3
2.1ミリ	2,200	1,700	180	30	6	3.5
2.4ミリ	3,000	2,000	200	35	7	3.5
2.7ミリ	3,500	2,500	230	40	8	4
3.0ミリ	5,000	3,000	250	40	10	5
4.5ミリ		5,000	400	80	25	10
6.0ミリ			800	100	40	15
6.9ミリ			1,000	120	50	20
9.0ミリ				300	100	40
10.5ミリ					250	100
12.0ミリ					500	200

出典：浦城晋一『真珠の経済的研究』。

こうした生産過剰と粗悪品流通の問題への対策として打ち出されたのが、業界団体により品質改善や需給調整を図ることでした。そのため昭和三年に大日本真珠組合が設立されました。それ以前にも、〈反御木本〉の業者が結集して組合を設立しており、御木本でも対抗するため新組合の結成を企図しましたが、反御木本と御木本の両者が提携して、大日本真珠組合を発足させたのです。そして、組合員の製品は全部組合に提出して、その鑑別評価を受けなければならないことに決まりました。

とはいえ、御木本の真珠の品質はとくに優れ、検査の必要がないほどでしたが、組合の権限が弱かったため、実質的な選別が業者自身に委ねられて粗悪品を排除できず、また、価格維持のための施策も何ら講じられませんでした。昭和五年に欧州視察の際にパリを訪れた組合関係者は、現地の

図表11　昭和7年当時における真珠養殖業者の経営規模

施術貝	昭和3年以前から営業していた業者	その後の新規参入業者	計	施術貝合計	%
50万貝以上	1		1	500,000	24.2
10～50万貝未満	1		1	160,000	7.7
5～10万貝未満	6	1	7	416,000	20.1
2～ 5万貝未満	12	5	17	487,000	23.6
1～ 2万貝未満	2	12	14	181,000	8.8
1万貝未満	8	52	60	323,600	15.7
計	30	70	100	2,067,600	100.0

出典：浦城晋一『真珠の経済的研究』。

真珠商などから日本真珠の信用低下が指摘されると同時に、幸吉による業界指導への期待を表明されました。そこで昭和七年、検査を強化する目的で日本養殖真珠組合が設立され、その会長に幸吉が就任することになりました。

軍需産業への拒絶

しかし、品質改善や生産過剰に対する有効な手立てはなく、ロンドンでは日本の養殖真珠が模倣真珠の類と同じような扱いを受けるほどでした。業を煮やした幸吉は、昭和八（一九三三）年に会長を辞任し、長男の御木本隆三が後を襲いましたが、相変わらず御木本以外の検査は不十分でした。結局、戦争が始まり非軍需産業の縮小が余儀なくされ、真珠養殖業は圧迫されました。同十四年には、ついに貴金属・宝石業者の息の根を止める奢侈品禁止令が発令されました。消費を節約して、軍需生産にできるだけ多くの原材料や資金を投入するためです。こうして、生産過剰や粗悪品どころではなく、

昭和33年、日本真珠の国際的信用を高めるため、幸吉は粗悪真珠36貫（135キロ）を焼くパフォーマンスをした。幸吉の狙いは的中し新聞社はこれを報道、世の耳目を集めた。

真珠の養殖事業そのものが立ち行かなくなり始めました。

輸出だけを頼りに事業を継続していた御木本ですが、昭和十六年七月の米英の対日資産凍結の断行と、同年十二月の対英米宣戦布告とにより、輸出も停止に追い込まれ、いよいよ深刻な経営危機に直面しました。しかし、八十四歳の幸吉は「軍需産業はしません。身をちぢめてじっとするより仕方ない」と覚悟を決めました。その後の御木本は、真珠母貝の食肉用としての販売や、細工工場を造幣局の下請けにするなどして、経営の維持を図っていました。そうした対策のひとつとして特記しておきたいのが製薬業への進出です。古くから薬用として利用されているケシ玉（小粒の真珠）を原料に用いた、新たなカルシウム剤の製法で特

鳥羽湾内に浮かぶ御木本真珠島（旧、相島）。現在は陸路で真珠島に渡ることができ、多くの観光客が訪れる一大観光地となっている。

許を得て、昭和十八年に伊勢製薬を買収しました。同社は翌十九年に御木本製薬と改名し、現在に至っています。

第四章　戦後のミキモト

一、真珠生産の復活と幸吉の死

「ミキモト」の名声

日本の無条件降伏後、占領軍の間で幸吉の事業が脚光を浴びるようになりました。幸吉は世界ではじめて真珠を人工的に作った人物、つまり〈真珠発明王〉として、海外で伝説的な存在にすらなっていたからです。彼の養殖場には、幸吉に一目会おうと米軍の将校やその家族が訪れるようになり、とくに昭和二十三（一九四八）年頃より見学者が多くなりました。そうした訪問者に応接するため、鳥羽湾内の相島にモデル工場などが設けられました。これが現在の御木本真珠島で、幸吉が九十三歳になった二十六年三月から一般公開されるようになりました。

こうした状況でしたから、対外貿易が再開されると、真珠の輸出は戦前とは比べようがないほど増えました。そのため、戦後の真珠の輸出比率は戦前よりもはるかに高い水

図表12　戦後の真珠の生産量と輸出比率

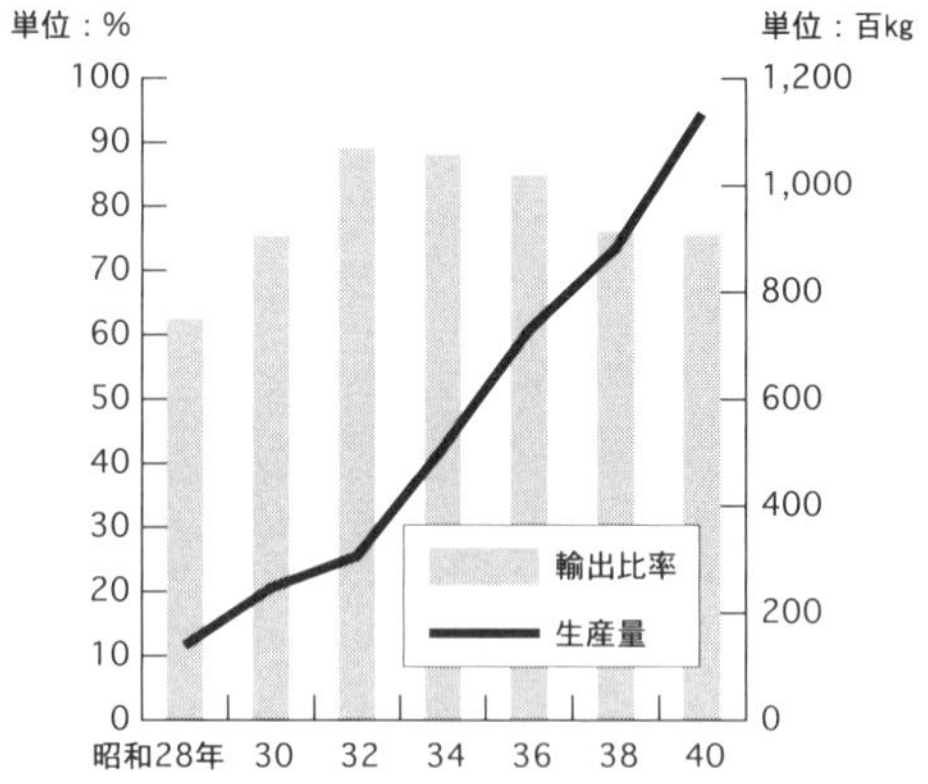

出典：小田寛「対馬における真珠養殖の発展とその結果」。

準となりました（図表12）。昭和二十五年までは国内向け小売りが禁止されていましたが、真珠取引に関するいっさいの制限が解除された二十五年以降も、輸出の比率が高水準に推移しています。

輸出先もアメリカが圧倒的となり、全体の六十パーセント前後を占めました（図表13）。世界の真珠取引の中心が、パリやロンドンからニューヨークに移ったことが大きく影響しているのでしょうが、占領下で多くのアメリカ人が御木本に接したことも一因であったように思われます。実際、日本からの輸出にすべて「ミキモト」の商標を付することさえ提案されたのでした。

〈世界の真珠王〉幸吉の死去

こうして、戦後の日本経済の支えとなる輸出産業に真珠養殖業が成長するなかで、御木本の組織も変更されました。それまでの個人企業の形態を改め、法人組織となったのです。すなわち、昭和二十四（一九四九）年、御木本真珠株式会社が設立され、その初

御木本美隆
ミキモト第二代社長を務める。大正七（一九一八）～平成四（一九九二）年。

図表13　戦後の真珠輸出額の地域分布　単位：%

	昭和26	昭和27	昭和28	昭和29	昭和30	昭和31
アメリカ	63.1	68.2	66.6	54.3	59.9	57.8
スイス	5.7	5.8	6.2	7.0	8.6	9.6
フランス	10.2	5.4	5.2	5.8	5.7	5.4
西ドイツ	3.8	3.2	5.2	4.8	4.8	5.1
インド	1.8	1.8	2.6	6.0	3.5	4.4
その他含む計	100.0	100.0	100.0	100.0	100.0	100.0

出典：水村邦雄「真珠の加工と輸出」、94ページ。

代社長に幸吉が就任しました。御木本真珠店は別の法人組織となり、孫の御木本美隆*が就任しました。

法人組織となった御木本の経営が軌道に乗り始めたのは、真珠取引に関する制限がすべて解除された昭和二十五年以降でした。朝鮮戦争により米軍将校向けの販売が急増し、二十六年には、株式配当は二十四割という信じがたい高配当を記録しています。真珠に対する需要は、朝鮮戦争後も堅調に推移しました。

しかし幸吉は、このような戦後の真珠生産・輸出の躍進のほんの一部しか見届けず、昭和二十九年に九十六歳で死去しました。奇しくも前年の二十八年、久米武夫は幸吉の偉業について、「国家経済上の見地から其の最も推奨に価すべきものは……同氏〔幸吉〕独特の新聞雑誌或は印刷物による宣伝に任じ、自ら商戦の第一線に立ちて普《あまね》く欧米市場を歴訪して世界販路の開拓に渾身の努力を用いた〔こと〕」と述べています。まことに的確な評価といえましょう。ちなみに、幸吉は最晩年になっても、進駐軍の有力者との接触やニュース、新聞を通じて海外情報の入手に努めていたそうです。

印象的なのは、その三年前より皇族が毎年、死期の迫った幸吉を訪

特許庁が選定、顕彰した「十大発明家」に幸吉（前列左から2番目）も名を連ねた。写真は昭和7（1932）年12月に撮影された会合のときの様子。

れ、改めて皇室・皇族と幸吉との強い結びつきを内外に示したことです。すなわち、サンフランシスコで講和条約が結ばれ、日本が独立を回復することになった昭和二十六年、昭和天皇が御木本養殖場に行幸したのを皮切りに、二十七年に高松宮殿下、二十八年に皇太子殿下、そして二十九年には皇后陛下が訪問されています。さらに、死去した幸吉に正四位勲一等瑞宝章が授けられました。幸吉の功績に対する皇室のねぎらいといってよいでしょう。幸吉にとって、このうえない栄誉だったに違いありません。

二、その後のミキモト

高度経済成長期の躍進

昭和三十（一九五五）年以降、日本は高度経済成長の時代に入り、真珠の需要は順調に増加しました。ま

時代に先駆けメディアを利用し、真珠王と称えられた幸吉は、昭和29（1954）年9月21日、96歳の生涯を閉じた。大往生だった。

志摩市阿児町鵜方 横山第2展望台先にある「御木本真珠王登山記念碑」。幸吉ゆかりの碑や銅像が数多くあることから、同地における幸吉に対する人々の思いを窺い知ることができる。

ず昭和二十年代末から外国人観光客が増加し、カメラと真珠がその日本土産として双璧となったのです。昭和二十八年に、七万五〇〇〇人あまりであった外国人観光客が、同三十五年には二十万人を超え、東京オリンピック開催の前年の三十八年には、三十万人に到達しています。そのため御木本では、観光客の宿泊先の箱根、伊東、日光、京都などのホテルに社員を派遣して出張販売をさせたり、東京でバスを仕立てて観光客を横浜、晴海から銀座へ誘導し、買い物コースを設定して御木本本店への来客を図ったりしました。

やや遅れて、日本人の真珠需要も拡大するようになりました。所得の増加が消費ブームを起こさせ、いよいよ日本も大衆社会に転換し始めたのです。戦前は中産階級上層以上を意味した〈サラリーマン〉〈月給取り〉がこの時期に大衆化し、社会の中流を意味するようにさえなりました。こうした大衆社会への移行に伴う需要の増加に対応するために、御木本では、デパートへの出店や国内支店網の充実が進められました。需要の多様化も進んだため、細工品は、従来のプレスによる機械加工からキャストを使った生産体制に切り替えられ、また、デザインも豊富になり、商品管理用の番号を付すようになりました。その結果、リピート生産や在庫管理が容易になりました。

昭和50（1975）年、御木本真珠島を訪れたエリザベス女王。同女王をはじめ真珠島は世界中から賓客を迎え入れた。

再び訪れた危機

しかし、昭和四十年代に入ると、一転して不況に見舞われます。輸出の不振がその原因でしたが、販売数量が落ち込んだ後に価格も下落し始めました。輸出の不振は、海外の輸入業者・卸売業者の手控えによるものでした。真珠の増産が相次ぎ生産過剰となったため、粗悪品が出回り始めて、値下がりを引き起こすことが懸念されたのです。輸出の不振が国内の在庫の増加を招き、それが市価の下落をさらに促すという、戦前と同じような悪循環に陥りました。

真珠の生産は、核を挿入後、二〜三年を要するので、減産を実施してもその効果が現れるまで時間がかかります。そのため、いったん生産が過剰になると市価の低迷が長引きます。そこで御木本では、それまでの施術数を増加させる長期計画を軌道修正しまし

真珠養殖の歴史はまさに自然との闘いの歴史でもある。とくにこの地方には超大型の台風がたびたび上陸し、昭和28年の台風13号、昭和34年の「伊勢湾台風」は伊勢一帯に甚大な被害をもたらした。幸吉は晩年、真珠島への来場者にその惨状と苦労を語っていたという。写真は伊勢市浜島にあった旧県立水産試験場の被害の様子。

昭和34年、伊勢湾台風で壊滅的な被害を受けた御木本真珠養殖場。『1999 浜島町の伊勢湾台風』より。

被害に遭った御木本真珠養殖場の真珠養殖いかだの様子。

た。昭和四十二（一九六七）年の施術数は三〇五万枚でしたが、四十三年は前年比三十パーセントという思い切った自主減産が断行されて一〇八万枚となり、その後も四十四年一九七万枚、四十五年六六万枚、四十六年四一万枚と、減少を続けます。

経営も悪化しました。昭和四十二年下半期より、御木本真珠は赤字に転落してしまい、御木本真珠店の経営にも影響が及びました。そのため、御木本は会社再建に取り組まざるを得なくなったのです。

新会社MIKIMOTO（ミキモト）の誕生

昭和四十七（一九七二）年、御木本真珠株式会社と御木本真珠店が合併し、商号をミキモト（英語名K.MIKIMOTO & CO.,LTD.）として再スタートすることになりました。世界を目指すうえで漢字より好ましいというのが、カタカナ名になった主な理由です。

新会社ミキモトは、リスクの大きい真珠一辺倒の経営を改めて、真珠を中心とする総合宝石店への飛躍を宣言し、以後、同社はこの方針のもとに内外の販売網の強化など、販売の促進に力を入れています。高度成長は昭和四十八年の石油危機により、終止符が打たれましたが、欧米諸国に比べると日本経済の立ち直りは早く、その結果、高度成長期ほどの成長率ではないにしても、安定した成長が続きました。それに伴って日本の宝

図表14　御木本本店への来客

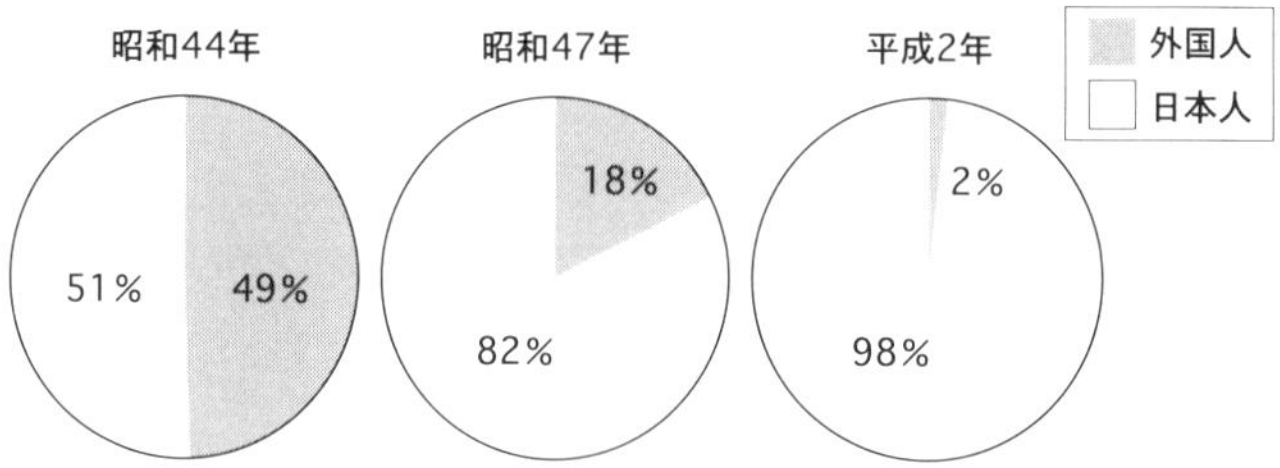

出典：『御木本真珠発明一〇〇年史』。

飾需要が一段と拡大するとともに、消費者の間に高級化志向、ファッション志向が強まり、需要の多様化が目立つようになりました。

こうしたなかでミキモトでも、国内各店舗における顧客開拓に力を入れることになりました。また、東京や大阪のホテルで特別展示会を開くと同時に、地方の高額所得者を対象とする家庭外商も展開するようになります。商品開発も強化し、新デザインを発表しています。輸出面でもアジア市場の開拓に励み、アジア・アメリカ・ヨーロッパが三大マーケットとなりました。

ミキモトの業績は急速に改善されました。図表14に示されるように、本店への来客も、平成期には日本人が大部分となりました。幸吉が残したミキモトという世界的ブランドは、このように進化し、日本人の間にも深く浸透するようになったのです。

参考文献

『イノベーションと起業家精神 上』P・F・ドラッカー　ダイヤモンド社　平成九年
『ザ・ブランド―世紀を越えた起業家たちのブランド戦略』ナンシー・F・ケーン　Harvard business school press　平成十三年
『ファッション・ブランドの起源―ポワレとシャネルとマーケティング』塚田朋子　雄山閣　平成十七年
『ブランドの条件』山田登世子　岩波新書　平成十八年
『森村翁言行録』若宮卯之助　ダイヤモンド社　昭和四十四年
『幕末明治開花期の錦絵版画』樋口弘　味燈書屋　昭和八年
『村井保固伝』大西理平編　村井保固愛郷会　昭和十八年
『大倉陶園二十五年譜記』日野厚　大倉陶園　昭和十九年
『伊奈製陶株式会社三十年史』伊奈製陶株式会社三十年史編集委員会編　伊奈製陶　昭和三十一年
『日本陶器七十年史』日本陶器七十年史編集委員会編　日本陶器　昭和四十九年
『独立自営』森村市左衛門述　日本経営史研究所　昭和五十三年（復刻版）
『改訂版 万国博覧会―技術文明史的に』吉田光邦　日本放送協会　昭和六十年

『森村百年史』ダイヤモンド社編　森村商事　昭和六十一年
『名古屋陶業の百年―会館の壁は聞いた百五十人の回想』名古屋陶磁器会館編・刊　昭和六十二年
『東陶機器七十年史』東陶機器株式会社編・刊　昭和六十三年
『明治開化期の錦絵』国立史料館編　東京大学出版会　平成元年
『アール・デコの世界二　ニューヨーク―摩天楼のアール・デコ』海野弘・中子真治編　学習研究社　平成三年
『アール・デコの世界三　ハリウッド・マイアミ―アメリカン・デコの世界』海野弘・中子真治編　学習研究社　平成三年
『アメリカのジャポニズム』児玉実英　中公新書　平成七年
『アメリカ経済の歴史　1492-1993』秋元英一　東京大学出版会　平成七年
『オールドノリタケの世界』樋田豊次郎監修・株式会社TEN編　ノリタケカンパニーリミテド　平成八年
『新訂版　㈱之礎』財団法人森村豊明会　平成九年
『イノベーションと起業家精神―その原理と方法　上』P・F・ドラッカー　ダイヤモンド社　平成九年
『大衆消費社会の登場』常松洋　山川出版社　平成九年

『森村市左衛門の無欲の生涯』砂川幸雄　草思社　平成十年
『オールドノリタケ―コレクターズガイド』木村一彦・葵航太郎　トンボ出版　平成十一年
『製陶王国をきずいた父と子―大倉孫兵衛と大倉和親』砂川幸雄　晶文社　平成十二年
『オールドノリタケの美』井谷善恵　東洋出版　平成十二年
『ウェッジウッド物語』相原恭子・中島賢一　日経BP出版センター　平成十二年
『オールド・ノリタケ名品集―里帰りした陶磁器』若林経子・大賀弓子編　平凡社　平成十三年
『ザ・ブランド―世紀を越えた起業家たちのブランド戦略』ナンシー・F・ケーン（樫村志保訳）　翔泳社　平成十三年
『華麗なるオールドノリタケの世界―オールドノリタケ名鑑』森川崇洋　マリア書房　平成十五年
『アール・ヌーヴォー』スティーヴン・エスクリット（天野知香訳）岩波書店　平成十六年
『ノリタケ一〇〇年史』ノリタケ一〇〇年史編纂委員会編　ノリタケカンパニーリミテド　平成十七年
『大倉陶園創成物語―初代支配人日野厚のこと』砂川幸雄　晶文社　平成十七年

『ヨーロッパ宮廷陶磁の世界』前田正明・櫻庭美咲　角川書店　平成十八年
『近代日本デザイン史』長田謙一・樋田豊郎・森仁史編　美学出版　平成十八年
『日本経済の二千年 改訂版』太田愛之・川口浩・藤井信幸　勁草書房　平成十八年
『渋沢研究』「明治後期日本の対米陶磁器輸出と森村市左衛門の経営理念」大森一宏　第六号　平成五年
『経営史学』「明治後期における陶磁器業の発展と同業組合活動」大森一宏　第三十巻第二号　平成七年
『情報と経営革新―近代日本の軌跡』（佐々木聡・藤井信幸編）「海外技術の導入と情報行動―日本陶器合名会社」大森一宏　同文舘　平成九年
『関西大学経済論集』「起立工商会社と松尾儀助」角山幸洋　第四十七巻第二号　平成九年
『岩波講座　世界歴史二十二』「模倣と着想―J・ウェッジウッド、森村市左衛門、もう一つの産業化」鈴木良隆　岩波書店　平成十年
『企業家研究』「明治期日本における『専門商社』の活躍」宮地英敏　第二号　平成十七年
『経済学論集』「起立工商会社と政府融資」宮地英敏　東京大学経済学部　第七十一巻第四号　平成十八年
神戸大学新聞記事文庫（http://www.lib.kobe-u.ac.jp/sinbun/）
『伝記御木本幸吉』乙武岩造　大日本雄弁会講談社　昭和二十五年

『宝石学』久米武夫　風間書房　昭和二十八年
『真珠ハンドブック』加藤鉄彦編　真珠新聞社　昭和三十九年
『真珠の経済的研究』浦城晋一　東京大学出版会　昭和四十五年
『御木本幸吉』大林日出雄　吉川弘文館　昭和四十六年
『御木本幸吉語録』御木本真珠島編・刊　昭和五十九年
『真珠の発明者は誰か？――西川藤吉と東大プロジェクト』久留太郎　勁草書房　昭和六十二年
『御木本幸吉の思い出』御木本美隆　御木本真珠島資料編纂室　昭和五十四年
『日本経済史三　開港と維新』梅村又次・山本有造編　岩波書店　平成元年
『御木本真珠発明一〇〇年史』御木本真珠発明一〇〇周年史合同編纂委員会編　ミキモト・御木本真珠島・御木本製薬・ミキモト装身具　平成六年
『アジア国際通商秩序と近代日本』籠谷直人　名古屋大学出版会　平成十二年
『ブランドの条件』山田登世子　岩波新書　平成十八年
『農林時報』「弗を稼ぐ〈養殖真珠〉」吉坂象二郎　第十三巻第十二号　昭和二十九年
『水産時報』「戦前における真珠団体の変遷」小関信章　真珠特集号　昭和三十三年
『水産時報』「真珠の加工と輸出」水村邦雄　真珠特集号　昭和三十三年
『エコノミスト』「世界の異色企業　変身した宝飾品の名店―カルティエ」昭和五十二

年十二月三十日号
『漁業経済研究』「真珠養殖業の創出過程」浦城晋一　第三十三巻第一号　昭和六十三年
『太陽』「カルティエ一五〇年の歴史とロマン―パリに愛と芸術を求めて」杉本秀太郎　第四四一号　平成九年
カルティエ（http://www.cartier.jp/ja）
ティファニー（http://www.tiffany.co.jp/）
小田寛「対馬における真珠養殖の発展とその結果」（http://reg.let.hokudai.ac.jp/miyauchi/hoda.pdf）

図版協力（掲載ページ）

森村商事株式会社
ノリタケカンパニーリミテド株式会社
TOTO株式会社
日本ガイシ株式会社
日本特殊陶業株式会社
株式会社大倉陶園

東京大学三崎臨海実験所（154左・155・183・185右）
堺市立図書館（168・169）
博物館明治村（50）
三重県（150・157）
三重県科学技術振興センター（149上・158・159・162・163・210）
社団法人三重県観光連盟（141・202）
鳥羽市（149中・149下）
志摩市（143上・148上）
志摩市観光協会（143中・143下・147・148下・149中・208）
伊勢志摩きらり千選（http://www.kirari1000.com）（142・178・182・186・188・189）
毎日新聞社（Mainichi Photo Bank）（24・137・139・140・160・161・165・171・173・174・201・206・207・209）
久留太郎『真珠の発明者は誰か？——西川藤吉と東大プロジェクト』
大林日出雄『御木本幸吉』
編集部

大林日出雄氏、ならびに久留太郎氏の著書より転載した写真について、被写体各位の各界に果たされた功績を鑑み、報道的観点から掲載するに至りましたが、転載につきましてはオリジナルの所在が不明であること、また、両氏、ご遺族、関係者の連絡先不明等の事由により、許諾を得られないまま掲載しております。ご本人、ご遺族、関係者の連絡先をご存知の方がいらっしゃいましたら編集部までお知らせ頂きたくお願い申し上げます。

情熱の日本経営史シリーズ刊行の辞〜今なぜ、日本の企業者の足跡を省みるのか

本シリーズでは、日本の企業と産業の創出を担った企業者たちの活動を跡づけている。企業者とは、一般に、経済や産業の大きな進展をもたらす革新、すなわちイノベーション（innovation）を成し遂げた人々をいう。ソニーの創業者である井深大《いぶかまさる》氏は、「インベンション（invention）というのは新しいものを作ればそれでよいが、イノベーションという場合は、作られたものが世の中の人々に大きく役立つものでなければならない」と述べた。日本の企業者の多くは、幕末・維新期以来、今日にいたるまで、みずからの事業の創業やその新たな展開に際して、その営みが「世の中の役に立つこと」であるか否かを判断の要諦としてきたといってよい。そして、そうした社会への貢献を尊重する企業者の気高い思想こそが、日本におけるビジネスの社会的地位を向上させることになった。社会的に上位に置かれた企業者は、内発的な信条としても、また他者からの期待としても、その地位に応じた人格の錬磨と倫理性と、より大きな指導力の発揮を求められるようになった。いわば、企業者の社会的役割に対する期待値が、高められることとなったのである。

企業者に求められる指導力とは、財やサービスの提供主体たる企業組織の内にあっては、技術の進化と資本の充実をはかりながら、人々の情熱やエネルギーを高めて結集させることであり、そうした組織能力向上のためのマネジメント・システムを発展させることであったろう。他方、企業の外に向けては、あらゆる利害関係者（ステークホルダー）に対して、提供する財やサービスはもとより、それを生み出すみずからの活動と牽引する企業組織が、いかに社会に役立つものであるかということをアピールすることが、まずもって必要とされた。そして、さらに、みずか

らの企業者活動が、日本の国力の増大に貢献することを希求した。

ところで、そうした企業者の能力がいかに蓄積され、形成されたかという面をみると、本シリーズで取り上げた多くの企業者にいくつかの共通点を見出すことができよう。家庭や学校での教育や学習、初期の失敗の経験、たゆまぬ克己心と探求心、海外経験や異文化からの摂取、他者との積極的なコミュニケーション、芸術や宗教的なもの(the religious) への強い関心、支援者やパートナーの存在、規制への反骨心、などである。これらの諸要素が企業者の経営理念を形成し、それを基礎に経営戦略やマネジメントの方針が構想されたとみられよう。

二十世紀末から今日にいたる産業社会は、「第三次産業革命」の時代といわれる。大量の情報処理と広範囲の情報交換の即時化と高度化を特徴とするこの大きな変革は、今なお進展中である。時間と空間の限界を打破し続けるこの新たな変動のなかで、経営戦略はさらにスピードを求められ、組織とマネジメントはより柔軟な変化が求められてゆくであろう。そして、新たな産業社会の骨幹たる情報システムの進化のために、従来にもまして、人々の多大な叡智とエネルギーの結集が必要となってゆくであろう。と同時に、広範囲におよぶ即時の見えざる相手とのビジネス関係の広がりは、内外の金融ビジネスの諸問題にみられるように、大きな危険をはらんでいる。こうした大きなリスクをはらんだ変革期の今日だからこそ、企業者や企業のあり方があらためて問い直されているのである。

本シリーズは、こうした分水嶺にあって、かつて日本の企業者がいかにその資質を磨き、いかにリーダーシップを発揮し、そしていかなる信条や理念を尊重してきたのかを学ぶことに貢献しようということで企画された。本シリーズの企業者の諸活動から、二十一世紀の日本の企業者のあり方を展望する指針が得られれば、望外の喜びとするところである。

佐々木　聡

著者略歴
藤井 信幸（ふじい・のぶゆき）
東洋大学経済学部教授。経済学博士。1956年、東京都に生まれる。1980年、早稲田大学政治経済学部卒業。1989年、同大学大学院経済学研究科博士課程単位取得満期退学。富士短期大学助教授などを経て、1995年に東洋大学経済学部助教授、1999年より現職。著書に『テレコムの経済史―近代日本の電信・電話』（勁草書房、1998年）、『地域開発の来歴―太平洋岸ベルト地帯構想の成立』（日本経済評論社、2004年）、『通信と地域社会』（日本経済評論社、2005年）ほか、多数がある。

監修者略歴
佐々木 聡（ささき・さとし）
明治大学経営学部教授。経営学博士。1957年、青森県に生まれる。1981年、学習院大学経済学部卒業。1988年、明治大学大学院経営学研究科博士課程修了。静岡県立大学経営情報学部助教授などを経て、1999年より現職。著書に『科学的管理法の日本的展開』（有斐閣、1998年）、『日本の企業家群像』（丸善、2001年、編共著）、『日本的流通の経営史』（有斐閣、2007年）ほか、多数がある。

シリーズ 情熱の日本経営史②
世界に飛躍したブランド戦略

2009年2月25日　第1刷発行

著 者
藤井 信幸

発 行
株式会社 芙蓉書房出版
（代表 平澤公裕）
〒113-0033 東京都文京区本郷3-3-13
TEL 03-3813-4466　FAX 03-3813-4615
http://www.fuyoshobo.co.jp

印刷・製本／モリモト印刷

ISBN978-4-8295-0442-0